herzhaft ♥ gut!

Haftungsausschluss

Für die Richtigkeit der Angaben wird trotz sorgfältiger Recherche keine Haftung übernommen. Die Autorin und der Verlag haben den Inhalt dieses Buches mit großer Sorgfalt und nach bestem Wissen und Gewissen zusammengestellt. Sie übernehmen keinerlei Haftung für eventuelle Schäden, die als Folge von Handlungen und/oder gefassten Beschlüssen aufgrund der gegebenen Informationen entstehen.

Gender-Erklärung

Aus Gründen der besseren Lesbarkeit verzichten wir im Cadmos-Verlag auf die gleichzeitige Verwendung der Sprachformen männlich, weiblich und divers (m/w/d) und wählen jeweils die männliche oder weibliche Form von personenbezogenen Hauptwörtern.
Dies soll jedoch keinesfalls eine Geschlechterdiskriminierung oder eine Verletzung des Gleichheitsgrundsatzes zum Ausdruck bringen. Frauen, Männer und Diverse mögen sich von den Inhalten unserer Publikationen gleichermaßen angesprochen fühlen.

Impressum

avBUCH im CADMOS Verlag

Covergestaltung, grafisches Konzept und Satz:
Gerlinde Gröll, www.cadmos.de
Fotos am Umschlag und Foodfotografien im Kern: Sigrid Schimetzky
Illustrationen im Kern: Shutterstock/ursulamea, Sahs, tetiana_u

Lektorat: Christa Klus-Neufanger

Druck: www.graspo.com

Deutsche Nationalbibliothek – CIP-Einheitsaufnahme

Die Deutsche Nationalbibliothek verzeichnet diese Publikation in der Deutschen Nationalbibliografie; detaillierte bibliografische Daten sind über http://dnb.ddb.de abrufbar.

Printed in EU

ISBN 978-3-8404-3073-2

Madam Rote Rübe

SIGRID SCHIMETZKY

herzhaft ♥ gut!

Knuspriges Vollkornbrot & köstliche Aufstriche

100%
hausgemacht
+ vegetarisch

LANDLEBEN

Inhalt

Backen mit Vollkorn 6

Die Geschichte des Brotes 8

Die Geburtsstunde ernährungsbedingter Zivilisationskrankheiten 11

Es geht an den Start! 12

10 Tipps aus der Brotbackstube 14

Backen mit Hefe 16

Brot aus Sauerteig 19

Die kleinen und großen Helferlein 23

Sportliche Brote 26

Weizen-Roggen-Vollkornbrot 28

Buchweizen-Vollkornbrot 30

Vollkornbrot mit Körnern 32

Hafer-Honig-Dinkel-Vollkornbrot 34

Walnuss-Apfel-Dinkel-Vollkornbrot 36

Anstellgut-Vollkornbrot 38

Bergisches Schwarzbrot 40

Kleingebäck – mal süß, mal würzig 42

Weizenvollkornbrötchen 44

Pfälzer Doppelweck 46

Castanea-Brötli 48

Dinkelvollkorn-Brioche mit Apfel 50

Griechische Rohrflöten 52

Kürbiskern-Wackerchen 54

Kartoffel-Vollkorn-Wurzeln mit Gerstensaft 56

Weizen-Dinkel-Vollkorn-Baguette 58

Weizen-Dinkel-Vollkorn-Buns 60

Schoki-Weckchen 62

Fruchtige Chillas 64

Zimtrollenkuchen 66

Sauerteigcracker 68

Taschenbrot 70

Wandlungsfähiger Hefeteig ... 72
Grundrezept Hefeteig ... 73
Gefülltes provenzalisches Vollkornbrot ... 74
Grünkohlpesto-Schnecken ... 76
Gugelhupfbrötchen ... 78
Knofi-Fladenkissen ... 80
Kümmel-Vollkornfladen ... 82

Backen im Topf ... 84
Knusperkrusti ... 86
Hummelchen mit Joghurt ... 88
Gesundheitsbrot mit Hirse und Möhren ... 90
Grumbeer-Topfbrot mit Kümmel ... 92
Dinkelvollkorn mit Haferflocken und Buttermilch ... 94
Dreikorn-Topfbrot mit Buchweizen ... 96
Rustikale Hanfkruste ... 98

Streichkonzert in Süß & Deftig ... 100
Feta-Creme ... 102
Ziegenfrischkäse-Creme ... 104
Schwarze-Oliven-Creme ... 106
Cappuccino-Creme mit Kakaonibs ... 108
Dattel-Haselnuss-Creme ... 110
Tomatenbutter mit Kapern ... 112
Kürbis-Apfel-Aufstrich ... 114
Karamellisierter Zwiebel-Dip ... 116
Skordalia – griechische Kartoffel-Creme ... 118
Hanf-Bohnen-Creme mit Miso ... 120

Das kleine Abc des Backens ... 122

Die Autorin ... 127

Stichwortverzeichnis ... 128

Einleitung

Backen mit Vollkorn

Sie träumen von aromatischem, knusprigem Brot, natürlich und hausgemacht? Oder von einem fluffigen Brötchen mit Biss? Für gutes Brot und Gebäck mit bodenständigem Charakter benötigt man nicht mehr als Mehl, Wasser, Salz sowie als Triebmittel Hefe und/oder Natursauerteig. Und zusätzlich – ganz wichtig – viel Zeit, damit der Teig reifen und das Brotaroma sich entfalten kann.

Denn Vollkornteige, die einfach nur schnell, schnell zusammengemischt, geknetet und im Anschluss unverzüglich in den Backofen geschoben werden, bleiben geschmacklich zurück und bereiten Konsumenten, die unter einem empfindlichen Darm leiden, Verdauungsprobleme. Der Vollkornteig – egal ob mithilfe von Hefe oder Natursauerteig hergestellt – braucht Zeit, damit sich bestimmte Zuckermoleküle abbauen, enthaltene Ballaststoffe und Stärke aufquellen können. So können wir dann Backwaren genießen, die eine hocharomatische, superknusprige Kruste sowie eine lockere und luftige Krume haben.

Ich selbst esse seit weit mehr als 30 Jahren mit Leidenschaft Vollkornbackwaren. Meine ersten Versuche waren nicht unbedingt von Erfolg gekrönt, die „Ergebnisse“ erhielten Namen wie „Schuhsohle“ oder „Staublunge“ –nicht unbedingt ein Kompliment für meine Backkünste. Dennoch gab ich nie auf und verspeiste meine Kreationen mit Genuss. Den Sprung zu saftigem und feinem Vollkorngebäck schaffte ich erst, als ich mit meinem Food-Blog „Madam Rote Rübe“ begann und in die Welt des Brotbackens in anderen Blogs eintauchte. In denen stand nicht unbedingt das Vollkornbacken an erster Stelle, aber die Tipps, die ich zu diesem Thema

Foto © Sigrid Schimetzky

fand, waren unbezahlbar – und wurden von mir erfolgreich in die Tat umgesetzt!

Immer mit der Ruhe!

Für Ihre eigene Karriere beim Vollkornbacken gebe ich Ihnen Folgendes mit auf den Weg: Lassen Sie sich nicht von den vermeintlich langen Zubereitungszeiten des Teigs abschrecken. Etwas Vorplanung ist zwar nötig, aber der Teig selbst bereitet nicht mehr Arbeit, allein weil er längere Zeit gehen muss. Der Teig ruht in dieser Phase meistens in seiner Schüssel und entwickelt mit jeder Stunde mehr Aroma – ganz ohne Ihr Zutun.

Wer mit saftigem Roggenvollkornbrot, der Krönung des Brotbackens, liebäugelt, sollte zuerst eine spezielle Herausforderung bewältigen: das Ansetzen des Sauerteigs (siehe Seite 20).

Bei einem Roggenmehlanteil von mehr als einem Drittel schafft es die Hefe nämlich nicht mehr allein, den Teig in die Höhe zu treiben. Jetzt ist Sauerteig als zusätzliches Triebmittel gefragt. Der Geschmack eines Sauerteigbrots ist unvergleichlich aromatisch, frisch und bekömmlich.

Wenn Sie es einmal gegessen haben, möchten Sie es gewiss immer wieder im Brotkasten liegen haben.

Die Geschichte des Brotes

Vielleicht knabbern Sie gerade an einem selbst gebackenen Brot, frisch aus dem Ofen mit Knusperkruste und weicher Krume. So perfekt schmeckte es nicht immer: Vor 11.000 Jahren, als die Geschichte des Brotes, wie wir es kennen, begann, pflanzten die Bauern die Urformen unseres Weizens an: Einkorn und Emmer.

Von deren rohen Körnern ernährten sie sich, bis ein findiger Kopf auf die Idee kam, diese zu zerstoßen und einzuweichen. Der Getreidebrei war geboren. Dabei blieb es allerdings nicht, die Entwicklung ging weiter und die Körnermasse wurde als Fladen auf heißen Steinen oder in der Asche getrocknet – ein haltbares Brot für unterwegs war entstanden.

Vor rund 6000 Jahren bauten die Ägypter dann Bäckereien, entwickelten Öfen und backten in erhitzten Tontöpfen. Der runde Laib entstand – ein Brot, das von der Hitze völlig umschlossen war, damit es gleichmäßig durchbacken konnte. Ihre nächste Entdeckung revolutionierte dann das Brotbacken, es war die Nutzung von Hefepilzen und Milchsäurebakterien. Lassen Sie ungeba-

Brot ist eines der ältesten kultivierten Nahrungsmittel. Foto © Shutterstock/ AhmetYasti

ckenen Brotteig an der Luft stehen, sorgen allein die in der Luft existierenden Hefen für eine Gärung – ein lockeres und schmackhaftes Brot entsteht. Daher kommt auch der Name für unser Wort „Brot". Brot leitet sich vom althochdeutschen „prôt" ab, was so viel heißt wie „Gegorenes". Zwischen 2860 und 1500 v. Chr. backte die Bevölkerung am Nil bereits 30 verschiedene Sorten Brot und kultivierte die erste Hefe – die Bäckerhefe.

Später gelangte das Handwerk von den alten Ägyptern über die Israeliten nach Griechenland und von dort ins Römische Reich. Die Römer backten ihr Brot bereits in regelrechten Großbäckereien. Sie entwickelten steinerne Drehmühlen, die ihnen das Zermahlen des Korns erleichterten. Ihnen haben wir auch den Roggen zu verdanken, denn sie benötigten eine neue Getreidesorte, die auch im nassen Norden jenseits der Alpen und selbst im heutigen Norddeutschland mit teils salziger Küstenluft wuchs.

Seit dieser Zeit backen die Menschen mit Weizenmehl, Roggenmehl oder einer Kombination aus beiden Getreiden Brot und kreieren viele neue Rezepte und Sorten. Gerade Deutschland ist bekannt für seine vielen Brotsorten, und das kommt nicht von ungefähr: Im späten Mittelalter teilte sich Deutschland in einen Flickenteppich von unabhängigen Städten und Herzogtümern, die beste Voraussetzung für die Entwicklung eigener Sitten und Gebräuche – und ebensolcher Brotsorten. Das sind Traditionen, die tief in uns verwurzelt sind und weitergeführt werden möchten.

Mehl ist nicht gleich Mehl

Bei Mehl, das man im Geschäft kauft, steht immer eine Zahl auf der Verpackung. Diese bezeichnet die sogenannte Mehltype. Häufig wird angenommen, dass die Mehltype die Feinheit des Mehls bestimmt, aber es verhält sich ganz anders. Die Mehltype gibt den Aschegehalt (= Mineralstoffgehalt des Mehls) in Milligramm an, bezogen auf 100 Gramm Mehl. Um die Mehltype zu ermitteln, werden 100 Gramm Mehl verbrannt. Die Asche, die übrig bleibt, wird gewogen. Genau dieser Wert ist die Typennummer des Mehls. Und dieses Aschegewicht entspricht naturgemäß dem Mineralstoffgehalt des Mehls.

Lesen wir also auf einer Mehlpackung eine Typennummer, z. B. Weizenmehl Type 405, bedeutet dies, dass nur eine sehr kleine Mineralstoffmenge im Mehl enthalten ist. 405 Milligramm Mineralstoffe liegen mengenmäßig in 100 Gramm Mehl vor, das ist ausgesprochen wenig.

Genauso inhaltslos sieht das Mehl aus: Es ist sehr hell, fast weiß und fühlt sich weich und fein an. Je höher die Typennummer, umso bräunlicher ist das Mehl. Es enthält noch kleine Stückchen aus der Randschicht des Korns und die machen den kräftigeren Geschmack aus.

Foto © Shutterstock/DDanilovic

Das macht Vollkornmehl besonders

Vollkornmehl aus dem ganzen Korn, frisch in der Getreidemühle gemahlen, hat keine Typennummer, der Mineralstoffgehalt entspricht immer 100 %. Als Naturprodukt unterliegt es natürlichen Schwankungen, die keine feste Standardisierung erlauben. Viele Faktoren bestimmen den Mineralstoffgehalt. Ländliche Gegebenheiten, Witterung, Bodennährstoffe, Wasserbedarf, Licht, Temperaturen und Erntezeit nehmen Einfluss auf die Getreidesorte. In der industriellen Produktion der Typenmehle werden die konstanten Mineralstoffgehalte durch Mischen von Getreide aus verschiedenen Chargen und Ernteregionen erreicht.

Der Wert bewegt sich zwischen 1700 und 1800 Milligramm je 100 Gramm. (Vollkorn-) Mehl mit Keim ist maximal 6–8 Wochen lagerfähig, der Nährwertverlust beginnt aber schon direkt nach dem Mahlvorgang.

So sieht ein Getreidekorn aus

Getreide hat einen ausgewogenen Nährstoffgehalt und eine hohe Nährstoffdichte, da es nur zu 15 % aus Wasser besteht. Die restlichen 85 % enthalten fast alle zum Leben notwendigen Nähr- und Vitalstoffe wie Kohlenhydrate, Eiweiße, Fette, Vitamine, Mineralstoffe und Spurenelemente. Wird das Korn möglichst ganz und unraffiniert verzehrt, bleiben seine wertvollen Nähr- und Vitalstoffe erhalten. Das Mehl aus dem vollen Korn ist schwer und griffig, kräftig im Geschmack und benötigt bei der Verarbeitung mehr Flüssigkeit als helle Mehle. Alle Getreidearten haben ein ähnlich strukturiertes Korn. Sie bestehen aus folgenden Grundbestandteilen:

Frucht- und Samenschale umgeben als braune, feste und unverdauliche Schale das Getreidekorn, sie entsprechen 15 % der Kornmasse. Wie ein Schutzmantel umhüllen sie das Korn, insbesondere den Getreidekeim. Darin enthalten sind verschiedene Mineralstoffe und Vitamine, vor allem Vitamin B1, der Proteinanteil ist hoch. Viele Faserstoffe, die unverdaulichen Ballaststoffe, regen die Darmtätigkeit an. Im Bereich von Frucht -und Samenschale lagern auch Farbstoffe, die die charakteristische Farbe der einzelnen Getreidearten ausmachen. Randschichtenreichere Mehle haben daher meist eine dunklere Farbe.

Die Aleuronschicht liegt unter der Schale des Getreidekorns und umgibt den Mehlkörper. Sie besteht vorwiegend aus biologisch hochwertigem Eiweiß und ist reich an Fett, Vitaminen, Mineral- und Ballaststoffen sowie Enzymen.

Der Mehlkörper stellt mit ca. 80 % Anteil die Hauptmasse des Getreidekorns dar. Er enthält hauptsächlich Stärkekörner, besteht also aus Kohlenhydraten. In der Pflanze versorgt er den wachsenden Keimling mit Energie.

Der Keimling macht auf das Gewicht bezogen lediglich 2–5 % der Kornmasse aus, aus ihm entsteht die neue Getreidepflanze. Der Keimling ist ausgesprochen reich an Fett und Eiweiß, sein Fett ist im ganzen Korn stabil, nach dem Zerkleinern wird es schnell ranzig und bitter.

Die Geburtsstunde ernährungsbedingter Zivilisationskrankheiten

Zu Beginn des Industriezeitalters wurden 1873 auf der Weltausstellung in Paris erstmals Walzenmühlen gezeigt, die vom Getreidekorn Keim, Aleuron- und Randschichten entfernten und lediglich den innen liegenden weißen Mehlkörper übrig ließen. Das daraus hergestellte Mehl – Weißmehl aus Weizen, Graumehl aus Roggen – wird Auszugsmehl genannt, weil es nur noch ein Auszug aus dem ursprünglichen ganzen Korn ist. Man freute sich über die feinen Mehlsorten für Brot, Kuchen und Torten, über die überaus lange Haltbarkeit des Mehls und die ausgefeilte Müllerskunst.

Über die gesundheitlichen Wirkungen machte man sich lange keine Gedanken, weil kein Zusammenhang zu bestimmten Krankheiten gesehen wurde. „Weißbrot" wurde immer mehr zum üblichen Brot. Jetzt musste man für das eigentliche Brot, wie es vorher gebacken wurde, einen neuen Namen erfinden: „Vollkornbrot". Aber dabei blieb es nicht. Die Mühlenchemie fühlte sich berufen, das Naturprodukt Mehl zu standardisieren und zu verbessern. Um den Bäckereien ein gleichbleibendes Backergebnis zu garantieren, entwickelte die Mühlenindustrie Zusatzstoffe, Vormischungen für Fertigmehle und Enzympräparate. Das Brot wurde perfekt an die industrielle Fertigung angepasst, auf der Strecke blieben Dinge wie Geschmack, Aroma und gesunde, natürliche Inhaltsstoffe.

In der Vollkornküche wird dagegen ohne Zusatzstoffe gearbeitet; einzige Ausnahmen sind Backhefe und Sauerteig als Backtriebmittel. Besonders Biogetreide muss strenge Grenzwerte einhalten, es unterscheidet sich von konventionell erzeugtem Getreide durch seinen nachhaltigen Produktionsprozess.

Die Kniffe der Industriebäcker

Noch vor gut 100 Jahren lebten drei Viertel der Bevölkerung auf dem Land. Die Menschen waren ständig konfrontiert mit Gerüchen, mit guten wie schlechten. Und wer morgens am Geruch erkannte, dass die Heuernte hereingefahren werden musste und wie er sein Mehl zu verarbeiten hatte, der konnte ein vollwertiges Brot auch erkennen und wertschätzen. In unserer technisierten Welt haben wir Schmecken und Riechen verlernt. Wir kaufen über Marke, Werbung und Verpackung.

Wer gesundes Brot kaufen möchte, greift heutzutage häufig zu dunklen oder körnigen Varianten. Das muss aber nicht unbedingt bedeuten, dass man ein „gesundes" Brot vor sich liegen hat. Denn allein durch Backdauer und Temperatur kann die Farbe des Brots bestimmt werden. Pumpernickel z. B. wird 12–14 Stunden bei niedriger Temperatur gebacken. Daraus folgen eine innen wie außen dunkel gebackene Krume und Kruste.

Doch es gibt noch andere Kniffe der Industriebäcker: So wird dem Verbraucher ein gesundes dunkles Brot vorgegaukelt, indem es mit Zuckercouleur oder Malzextrakt gefärbt wird. Auch Körner auf der Kruste sagen nichts darüber aus, wie viel volles Korn tatsächlich im Laib steckt. Deshalb ganz explizit: Getreide ist nur vollwertig, wenn mindestens 90 % der Getreidekörner keimfähig sind. Das können Sie durch das Feuchthalten der Körner über mehrere Tage testen – dann müssen sich Keime zeigen. Verwenden Sie Getreide am besten frisch gemahlen, da durch den Zutritt von Luftsauerstoff die Eigenfermente die Oxidation einleiten und es so zu Vitalstoffverlusten kommt.

Es geht an den Start!

Das Brotbacken mit Hefe oder Sauerteig ist nicht schwierig. Wer dennoch der Meinung ist, er schafft es nicht, der sollte sich den Bäcker seines Vertrauens suchen und dort das Brot kaufen. Besitzt dieser eine Getreidemühle und benutzt er sie auch, dann ist das bereits ein positives Zeichen. Durch gezieltes Hinterfragen der Herstellungsweise verschaffen Sie sich weitere Informationen.

Haben Sie Mut zum Experiment, wagen Sie den Versuch, Ihr tägliches Brot selbst zu backen! Denn nur so haben Sie die Gewähr, dass Sie Brot als ein Stück Lebenskraft genießen. Leisten Sie sich diesen wichtigen Beitrag zu Ihrer Gesunderhaltung. Wenn Sie körperlich gesund und geistig leistungsfähig sein wollen bzw. Ihre Kinder sich entsprechend entwickeln sollen, bleibt nur der Verzicht auf den Griff ins Brotregal!

Tipp...

Folgende Brotgewürze werten Backwaren auf:

- **Kümmel**
- **Koriander**
- **Fenchel**
- **Anis**
- **Brotklee (Schabzigerklee)**
- **Muskat**
- **Oregano**
- **Majoran**
- **Kräuter der Provence**
- **Frische Kräuter passen zu Brötchen und Stangenbroten.**
- **Chili sorgt für Feuer im Brot. Vorsicht bei der Dosierung!**

Egal, ob Sie selbst backen oder für sich backen lassen: Vollkornmehl weist den höchsten Gehalt an gesunden Inhaltsstoffen auf – von Ballaststoffen über Mineralien bis zu den B-Vitaminen. Es hält zudem länger satt, regt die Verdauung an und wirkt sich günstig auf den Blutzuckerspiegel aus. Wer daher ein besonders gesundes Mehl kaufen möchte, sollte auf Vollkorn und hier wiederum auf Bio setzen.

So kommt Geschmack ins Brot

Ohne Salz schmeckt jedes Brot fade. Nicht zu viel und nicht zu wenig ist hier der Grundsatz. Für den runden Geschmack gibt es eine Bäckerfaustformel, die besagt, dass 2 % der Mehlmenge an Salz in herzhaften Broten zugegeben werden sollen. Bei 1000 Gramm Mehl wären das 20 Gramm Salz. Da Vollkornmehl von Haus aus einen höheren Mineralsalzanteil aufweist, kann diese Menge bis auf 1,5 % herabgesenkt werden.

Doch nicht nur für den runden Geschmack benötigen wir Salz: Salz festigt im Weizenteig das Klebergerüst, das den Teig formstabiler macht, und hemmt die Aktivität der Stärke abbauenden Enzyme in Roggenteigen. Zu einem deftigen Brot wird in der Backstube gern Kümmel, Koriander, Fenchel und Anis gegeben, diese Gewürze sorgen für Aroma und Bekömmlichkeit. Da sie frisch gemahlen immer intensiver schmecken, zerkleinern Sie am besten Ihre bevorzugten Gewürze im Mörser, mahlen sie mit dem Korn in der Getreidemühle oder separat in einer kleinen Kaffeemühle. Je nach Ihrem persönlichen Geschmack darf jedes Brot unterschiedlich schmecken, die entsprechenden Gewürze

Der Kreativität sind beim Würzen von Brot keine Grenzen gesetzt. *Foto © Sigrid Schimetzky*

unterstützen seine Eigenart. Damit das Aroma der gemahlenen Gewürze nicht zu vorherrschend wird, beginnen wir mit einer niedrigen Dosierung. Empfehlenswert wäre eine Menge von 0,1–1,5 %, bezogen jeweils auf die Teigmasse.

Last, but not least gibt es noch Flocken, Saaten, Kerne und Samen, die für Biss und Aroma sorgen. Optisch sorgen sie für sichtbare Abwechslung im Brotkorb. Zur Auswahl stehen Roggen-, Dinkel- oder Haferflocken, Sonnenblumenkerne, Leinsamen, Mohn, Hanf, Kürbiskerne, Sesam, Chiasamen, Quinoa oder Flohsamen. All diese Zugaben, ob einzeln oder als Mischung hinzugefügt, enthalten viel Eisen, Zink, Magnesium, Kupfer, Mangan und Vitamin E, hochwertige Fette und Eiweiß. Außerdem bringen sie in und an die Kruste zusätzliche Ballaststoffe. Für ein optimales Backergebnis sollten Sie darauf achten, dass manche vorgequellt bzw. gekocht werden sollten.

Tipp...

- **Verwenden Sie Salz ohne Zusatzstoffe (z. B. Jod, Fluor, Folsäure), denn Folsäure beispielsweise ist nicht hitzebeständig.**
- **Grobes Meersalz oder Fleur de Sel eignen sich wunderbar, um Teigwaren zu bestreuen.**

Zehn Tipps aus der Brotbackstube

1 Das Wichtigste zuallererst: Der Teig bestimmt die Zeit. Das heißt, wir sollten Zeit und Geduld beim Brotbacken mitbringen. Viele Faktoren bestimmen, wann der Teig zum Backen bereit ist. Da wären die Qualität der Backhefe oder des Sauerteigs, die Mehlsorte und der Ausmahlungsgrad, der Knetprozess, die Temperatur der Zutaten und der Umgebung, die benötigte Teigruhe, die Formgebung und schließlich die Gärphase.

2 Wiegen Sie Ihre Zutaten ab, denn Mehl, Flüssigkeit und Salz müssen in einem bestimmten Verhältnis zueinander stehen, um ausgewogen zu sein. Ungünstig wäre es, einfach mehr Mehl hinzuzufügen, damit der Teig besser zu verarbeiten ist. Beachten Sie, dass während der folgenden Verarbeitungsprozesse das Mehl aufquillt und der Teig insgesamt fester wird.

3 Die richtige Wassermenge: Generell wollen wir einen weichen Teig, damit wir später ein saftiges Brot essen. Falls der Teig allerdings zu weich und klebrig geworden und damit schwer zu bearbeiten ist, ist es besser, ihn zum Backen in eine Kastenform zu füllen.

4 Um ein Zuviel an Flüssigkeit zu vermeiden, halten Sie beim Nacharbeiten eines Rezepts 10 % der Schüttflüssigkeit stets zurück. Schluck für Schluck wird sie dann während des Brotknetens hinzugegeben. Jedes Mehl nimmt Flüssigkeit anders auf.

5 Mehlsorten variieren: Wer in einem Rezept Weizenmehl durch Dinkelmehl ersetzen möchte, sollte beachten, dass die Backeigenschaften von Dinkel nicht an Weizen heranreichen. Dinkelmehl nimmt schlechter Wasser auf, und der Teig muss besonders schonend geknetet werden. Ein abgekühltes Kochstück (siehe Seite 124) versorgt ihn mit mehr Flüssigkeit. Ungünstig ist es, Weizenmehl durch Roggenmehl zu ersetzen, denn Roggenmehl benötigt, wenn von ihm mehr als 30 % der Gesamtmehlmenge im Teig vorhanden ist, einen Sauerteig zum Treiben.

6 Die Bedeutung der Autolyse: Wird vorweg Mehl mit Wasser verrührt und diese Mischung stehen gelassen, dann verquellen Stärke und Eiweiß. Dadurch baut sich das Klebergerüst des Mehls auf, der Teig nimmt mehr Flüssigkeit auf und gewinnt an Struktur. Der Knetvorgang beim Hauptteig kann deshalb reduziert werden. Brühstücke und Quellstücke, auch solche mit einem Zusatz von getrockneten, fein gemahlenen Brotresten, beeinflussen ebenfalls die Teigstruktur und den Geschmack positiv.

7 Kneten – ja oder nein? Teig sollte immer bestmöglich ausgeknetet werden, das heißt, nicht zu viel und nicht zu wenig. Kneten wir zu stark und zu lange, kann es passieren, dass er überknetet wird und kein zufriedenstellendes Volumen mehr aufbaut. Gerade Dinkel ist in dieser Hinsicht zimperlicher als Weizen. Ein gut durchgeketeter Teig ist elastisch und lässt sich merklich auseinanderziehen. Wenn Sie Zeit und Kraft sparen wollen, bearbeiten Sie Ihren Teig mit der Methode „Dehnen und Kneten“ (siehe Seite 123).
Vollkornteig enthält Kleie und Keimlinge, die wie winzige Rasierklingen die Glutenstränge zerkleinern und damit die Glutenbildung hemmen. Deshalb stehen wir häufig vor dem Problem eines zu kompakten Laibs. Um dies zu vermeiden, sollten wir ihn nicht traditionell

So geht Dehnen ...

... und Falten.

Fotos © Sigrid Schimetzky

kneten. Die bessere Wahl wäre die schonende Behandlung durch lockeres Dehnen und Falten. Diese Technik ist der Schlüssel zu einem erfolgreichen, elastischen Teig. Der Teig wird gut belüftet und Luftblasen können sich für eine feine gleichmäßige Krume bilden.

8 Teigfestigkeit und Triebstärke: Je feiner Weizenvollkornmehl ausgemahlen ist, umso voluminöser fällt der Brotlaib aus. Während gröberes Vollkornschrot wiederum Auswirkung auf das Aroma des Brotes hat: Es schmeckt milder. Auf Youtube gibt es aufschlussreiche Videos über die Behandlung von festem oder weichem Teig. Falls der Teig nicht in der angegebenen Zeit sein Volumen um mindestens die Hälfte vergrößert, lassen wir ihn an einem warmen Plätzchen länger gehen. Hier braucht es ein wenig Geduld.
Die Fingerprobe (siehe Seite 123) ist eine gute Hilfe, um festzustellen, ob das Brot für den Ofen bereit ist. Drücken Sie sanft Ihren Finger in den Teigling. Wenn die Delle sofort zurückspringt, darf er noch gehen. Schließt sie sich langsamer, hat der Teigling knappe Gare und kann in den Ofen, die Einschnitte springen weit auf. Sobald die Delle sich gemächlich schließt und sogar leicht sichtbar bleibt, ist es höchste Zeit, das Brot in den Ofen zu schieben.

9 Richtig backen – von Anfang an: Brot sollte mit viel Wumms in den Backofen geschoben werden, das bedeutet eine hohe Anfangshitze und viel Dampf. Dampf deshalb, damit er sich zu Beginn des Backprozesses auf die Teighaut niedersetzt. Diese bleibt dadurch elastisch und das Brot bekommt einen besseren Ofentrieb und eine knusprige Kruste. Wie man richtig Dampf im Ofen erzeugt, erfahren Sie im Glossar ab Seite 122.

10 Backzeit: Beachten Sie, dass jeder Backofen anders backt. Deshalb verlasse ich mich nie darauf, dass die Backwaren nach der im Rezept angegebenen Zeit auch durch sind. Bin ich mir nicht sicher, ob mein Brot gut durchgebacken ist, verwende ich die Klopfprobe (siehe Seite 25). Heißes Brot lässt sich nicht gut aufschneiden – es verklebt. Besonders bei Roggenvollkornbrot lohnt es sich zu warten, 24–48 Stunden Reifezeit schenken dem Brot sein einzigartiges Aroma.

Backen mit Hefe

Wenn Sie mit dem Brotbacken direkt loslegen wollen, nehmen Sie Hefe. Haben Sie keinen Respekt davor! Die Grundlage für einen geschmeidigen, luftig-lockeren Hefeteig besteht aus etwas Knetarbeit, einem warmen Plätzchen und etwas Zeit zum Gehenlassen. Wer süßen Hefeteig zubereitet, hat die Wahl zwischen vielen verschiedenen Zutaten zum Füllen oder Belegen: Nüsse, Nussmus, Früchte, Trockenfrüchte, Gewürze wie Zimt oder Vanille u. v. m. Salziger Hefeteig lässt sich dagegen beispielsweise mit Pesto füllen und ist der ideale Boden für Flammkuchen, Pizza oder Zwie-

Mehr Zutaten benötigt man nicht, um ein Brot mit Hefe zu backen! Foto © Sigrid Schimetzky

belkuchen. Rezepte finden Sie ab Seite 72. Die Grundregeln zur Bereitung des Teigs sind denkbar einfach: Damit der Hefeteig optimal aufgeht, braucht er Wärme, aber keine Hitze. Bei über 40 °C wird die Hefe inaktiv. Bei der warmen Hefeführung sind Temperaturen von 22–26 °C optimal. Flüssigkeiten wie Milch oder Wasser werden deshalb nur lauwarm zugegeben, alle Zutaten sollten Zimmertemperatur haben. Nach und nach arbeitet man die Flüssigkeit ein. Vermeiden Sie es, nachträglich Mehl in den zu flüssigen Teig zu geben – er wird dann leicht trocken.

Beim Kneten lohnt es sich, mit der Hand kräftig zuzupacken, denn dann wird der Teig besonders geschmeidig. Bewährt hat sich auch die Methode „Dehnen und Falten" (siehe Seite 123), mit der man dem Teig mühelos Struktur verleiht.

Um die Gärung zu aktivieren, folgt nach dem Kneten die Ruhezeit – mindestens eine ist Pflicht, manchmal auch mehrere Phasen. Hefeteig ist ein guter Lehrmeister für Geduld. Backen Sie ihn niemals unter Zeitdruck, denn er lässt sich nicht gern antreiben. Er verhält sich je nach Jahreszeit und Außentemperatur unterschiedlich. Im warmen Sommer geht der Hefeteig schneller als im kalten Winter. Teigruhe dient zum einen der Quellung, also der Wasseraufnahme, zum anderen komplexen biochemischen Prozessen, bei denen sich Gärgase und natürliche Aromastoffe für den späteren Geschmack entwickeln. Als Faustregel gilt: Wenn sich das Teigvolumen verdoppelt hat, ist er fertig. Sie können die Gare auch mit dem Fingertest (siehe Seite 123) prüfen. Durfte der Teig zu lange gehen, fällt er wieder zusammen. Das gilt es unbedingt zu vermeiden.

Tipp...

Kalte Teigführung: Mit einer um die Hälfte reduzierten Hefemenge und kalten Flüssigkeit, einem Platz im Kühlschrank und viel Zeit zum Gehenlassen lässt sich ein Teig kreieren, der sehr elastisch ist und vom Aroma her vollmundiger als ein Teig, der mit mehr Hefe hergestellt wird. Der Grund? Bei dieser Variante vermehren sich die Hefebakterien langsamer.

Die passende Hefe

Biohefe, konventionelle Hefe, Trockenhefe: In dieser Form kann man das Triebmittel dem Teig zuführen. Die üblicherweise verwendete **konventionelle Hefe** besitzt eine etwas höhere Triebkraft als die Biohefe. Wer beachtet, dass **Biohefe** ein wenig länger benötigt, bis sie anspringt, kann mit ihr hervorragend backen. Weiterer Vorteil: Die Backwaren bleiben länger frisch.

Für das Brotbacken ist Frischhefe ideal, denn ihre Triebkraft ist stärker als die von Trockenhefe. Wer **Biotrockenhefe** verwendet, sollte diese gleich nach dem Öffnen des Tütchens verarbeiten, denn sie verliert an der frischen Luft schnell an Triebkraft. Deshalb streuen wir sie direkt ins Mehl und vermischen beides, bevor wir die Flüssigkeit zugeben (siehe Packungshinweis).

Konventionelle Trockenhefe ist durch hinzugefügte Emulgatoren nicht ganz so empfindlich und aktiviert sich rascher.

Optimal lagert Frischhefe bei 2–8 °C im Kühlschrank. An frischer Hefe schnuppern wir gern, sie riecht angenehm und aromatisch nach zarter Fruchtigkeit und weist eine helle Farbe mit weißlichen bis gelb-bräunlichen Nuancen auf. Brechen wir ein Stückchen Hefe vom Würfel ab, sehen wir an der Bruchstelle im frischen Zustand muschelartige Umrisse. Braune Verfärbungen und trockene Ränder sprechen ebenso für alte Hefe, wie dunkelgraues Aussehen sowie bröselige oder schimmelige Konsistenz. Im Zweifelsfall sollte sie entsorgt werden.

Zur Not kann Frischhefe luftdicht verpackt für mehrere Monate eingefroren werden. Da ich selten einen ganzen Würfel zum Backen benötige, teile ich ihn und friere die Hefe portionsweise in einem Eiswürfelbehälter ein. Zum Backen nehme ich die benötigte Menge heraus, taue sie bei Raumtemperatur auf und verarbeite sie dann weiter. Der Prozess des Einfrierens geht natürlich zulasten ihrer Triebfähigkeit, daher benötigen wir für die Teigreife ein wenig Geduld.

Hell und aromatisch: So soll frische Hefe aussehen und riechen.

Foto © Shutterstock/ Jiri Hera

Trockenhefe wird direkt ins Mehl gestreut und dann weiterverarbeitet.

Foto © Shutterstock/ Handmade Pictures

Tipp...

Wenig Hefe – viel Geschmack – anhaltende Frische: Zu viel Hefe im Teig und zu wenig Zeit für ihn gehen immer zulasten des Brotgeschmacks. Geben wir ihm allerdings wenig Hefe, dafür jedoch reichlich Zeit, ist das Ergebnis so fein, dass der kleine Mehraufwand überhaupt nicht mehr ins Gewicht fällt. Selbst mit nur einem Prozent Hefe genießen wir geschmackvolles Brot, das bei Weitem nicht so schnell altbacken wird.

Brot aus Sauerteig

Auch der Sauerteig eignet sich hervorragend zur Herstellung von Brot und Backwaren. Für Auftrieb im Teig sorgen Milchsäurebakterien und Hefepilze, die dauerhaft in Gärung gehalten werden. Das dabei entstehende Kohlenstoffdioxid lockert den Teig auf, es sorgt für Aroma, Triebkraft und spezielle Teig- und Gebäckeigenschaften. Es hat sich bewährt, Sauerteig mit Vollkornmehl anzusetzen, da das Mehl aus dem ganzen Getreidekorn den Bakterien und Pilzen eine gute Nahrungsgrundlage bietet. Vor allem an den Schalen des Getreidekorns finden sich jene Bakterien und Pilze, die für eine Spontangärung und -säuerung benötigt werden.

Sauerteig selbst ansetzen

Seinen eigenen Sauerteig anzusetzen ist ebenfalls kein Hexenwerk. Zeit benötigt unser eigener Sauerteig zwar, doch die vertreibt er sich gern mit sich selbst. Bereits nach 3–4 Tagen steht er zum Einsatz parat und belohnt Sie auf Dauer mit Broten, die das gewisse Etwas haben – wie das von Bäckern, die ihr Brot noch traditionell und mit reinen, natürlichen Zutaten in ihrer Backstube herstellen.

Für die Anzucht des Sauerteigs benötigen Sie neben Mehl – am besten Roggenvollkornmehl, funktioniert aber auch mit Dinkel- und Weizenmehl – handwarmes Wasser und eine gleichbleibende Temperatur zwischen 20 und 25 °C. Die bekommt man, wenn man den Teig an die Heizung oder bei extrem niedriger Temperatur in den Backofen stellt. Wichtig ist es, unter hygienischen Bedingungen zu arbeiten, damit der Sauerteig nicht schlecht wird. Schüssel, Gläser und Arbeitsgeräte werden deshalb vor der Verwendung heiß abgespült. Wiegen Sie bitte vorher alle Zutaten ab – das ist definitiv besser als Abmessen und garantiert noch viel besser als das Verfahren „Pi mal Daumen“.

Den Sauerteig füllen wir dann in ein höheres, nicht zu breites Glas ein, mit lose aufliegendem Deckel. Er wird bei Zimmertemperatur zwischen 20 und 28 °C zum Gären aufgestellt. Darunter ist es ihm zu kalt, über etwa 30 °C sterben die Mikroorganismen ab. Verlassen Sie sich bei der „Betreuung“ des Sauerteigs wie bei der Hefe auf Ihre Nase: Ein gesunder Sauerteig riecht angenehm.

Der Roggensauer

Ich arbeite am liebsten mit Roggensauerteig. Er dient einerseits als Triebmittel, Säuerungsmittel und Aromageber, andererseits hält er das Brot länger frisch, beugt Schimmel vor und macht Roggenmehl backfähig. Der Roggensauer macht den aus Roggenmehl hergestellten Teig locker, der Teigling würde ohne ihn beim Backen nicht aufgehen, sondern schwer und klotzig sitzen bleiben. Warum das so ist? Nun, durch die vielen Enzyme, die das Roggenmehl enthält, baut sich die im Mehl enthaltene Stärke ab und der Teig kann im Ofen keine Krume bilden. Erst die Säuren des Sauerteigs verhindern den Stärkeabbau.

Backen mit Anstellgut

Fürs erste Backen wird nur eine kleine Menge von den angesetzten 800 Gramm Sauerteigstarter verwendet. Die 800 Gramm sind jedoch nötig, um eine stabile Sauerteigkultur zu erhalten, denn die Bakterien und Hefen benötigen die entsprechende Nahrung für ihre Entwicklung. Häufig wird die nicht mehr

Sauerteig ansetzen

In der ersten Stufe verrühren wir 100 g Roggenvollkornmehl und 100 g höchstens 40 Grad warmes Wasser in einem höheren, nicht zu breiten Glas. Die Mischung decken wir mit Folie oder einem Teller ab und lassen sie bei 20–25 °C einen Tag (besser 2 Tage) stehen.

In der zweiten Stufe rühren wir 100 g Roggenvollkornmehl und 100 g lauwarmes Wasser in den ersten Ansatz (Stufe I) ein – der erste Ansatz riecht bereits säuerlich. Die ganze Masse wieder abdecken und wieder 24 Stunden bei etwa 20 Grad stehen lassen.

In der dritten Stufe verrühren wir 200 g Roggenvollkornmehl und 200 g lauwarmes Wasser mit dem vorigen Ansatz (Stufe I und Stufe II) und lassen die Masse nochmals einen Tag abgedeckt bei einer Temperatur von 20–25 Grad stehen.

Wenn der Sauerteig sich wölbt und Gärbläschen enthält, ist er fertig und sollte möglichst schnell verbacken werden. Insgesamt haben wir jetzt etwa 800 Gramm Sauerteig vor uns. Hiervon bewahren wir ca. 100 Gramm in einem locker zugeschraubten Glas im Kühlschrank auf. Diese Masse nennen wir ab jetzt Anstellgut oder Sauerteigstarter.

benötigte Menge des ersten Sauerteigs entsorgt, sie kann jedoch auch getrocknet aufbewahrt oder als Geschmacksträger frisch in einem Weizenbrot verbacken werden. Gelungen ist der Sauerteigstarter, wenn er eine helle gräulich-gelbe bis hellbraun-beige Farbe hat. Steht er eine Weile, setzt sich an seiner Oberfläche gern eine dünne gräuliche Flüssigkeit ab. Doch das ist nicht schlimm, es ist während der Gärung entstandener Alkohol (Fusel), der durch Rühren wieder untergemischt wird. Lagern Sie Ihren Sauerteigstarter in einem größeren sauberen Schraubglas oder in einem Einmachglas mit Deckel, der lose aufliegt. Halten Sie ihn nicht fest verschlossen, selbst im Kühlschrank gärt er langsam weiter.

Sauerteig füttern und auffrischen

Sauerteig und Anstellgut sind im Prinzip das Gleiche. Das restliche Anstellgut wird dann zum „Füttern" separat geführt und regelmäßig folgendermaßen aufgefrischt:

- Man verrührt ca. 20 g Anstellgut mit etwa 100 g Roggenvollkornmehl oder Weizen-/Dinkelvollkornmehl und 100 g Wasser.
- Nun darf die Masse 10–14 Stunden bei Raumtemperatur abgedeckt reifen. Dieses hochaktive Anstellgut ist der sicherste Weg zu einem gelungenen Brot. Wir lagern es im Kühlschrank, dort fällt es ein und wird flüssiger. Alle 1–2 Wochen wiederholen wir diese Schritte und achten darauf, dass das Anstellgut stets in das wieder mit heißem Wasser ausgespülte und gereinigte Glas gegeben wird.

Reifer Sauerteig riecht angenehm säuerlich, teils fruchtig und hat eine gesunde hellgelbe bis cremeartige Farbe bei Weizensauerteig bzw. eine gräuliche bis braungraue Farbe bei

So sollte angesetztes Anstellgut (oben) nach 10 Stunden (links) aussehen.

Fotos © Sigrid Schimetzky

Roggensauerteig. Er ist optimal gelockert und hat sein Volumen um mindestens das Doppelte bis Dreifache vergrößert. Wenn Sie mit einem frisch angesetzten Anstellgut starten, werden Sie merken, dass er nach drei- bis viermaligem Vermehren von der Triebkraft

Tipp...

Wenn Sie mal keine Zeit zum Backen haben, können Sie einen Sauerteigrest bis zu vier Wochen im Kühlschrank als „Krümelsauer" aufbewahren.
Dazu nehmen Sie den Sauerteigrest und rühren so lange Roggenvollkornmehl in den Sauerteig ein, bis er krümelt wie eine Streuselmasse. Nun in einem Schraubglas im Kühlschrank aufbewahren.

immer stärker wird. Auf die Hefe, die gern zu Beginn als Unterstützung zusätzlich hinzugefügt wird, kann nun verzichtet werden.

Möchten Sie gern mit Brotrezepten selbst experimentieren, hat sich folgende Faustregel für den anzusetzenden Sauerteig bewährt: Auf die Mehlmenge im Sauerteig geben wir etwa 10 % Anstellgut hinzu. Der angerührte Sauerteig reift bei Zimmertemperatur von 20–22 °C etwa 20–22 Stunden lang. Beim Füttern übrig gebliebenes älteres Anstellgut lässt sich in vielen Broten wunderbar weiter verwerten. Häufig verwende ich Roggenvollkorn-Anstellgut und festeres Weizen-Anstellgut in meinen Rezepten. Da ich meine Sauerteige ungern entsorge, nehme ich sie als Aromastücke zum Teig. Sinnvoll verwertet, geben sie dem Brot einen würzigen Geschmack.

Lievito Madre, der milde italienische Sauerteig

Lievito Madre ist ein italienischer Sauerteig. Ausgesprochen mild und zart, erhält er neben Weizenmehl und Wasser seit jeher nach italienischer Tradition ab und an einen kleinen Löffel Honig und etwas Olivenöl. Es ist allerdings nicht erwiesen, dass diese in irgendeiner Weise förderlich sind. Auch beim Lievito Madre ist absolute Sauberkeit die höchste Priorität. Alle Gerätschaften sollten vor der Benutzung mit kochendem Wasser ausgespült werden. Für genaues Arbeiten wiegt man alle Zutaten ab. Im Gegensatz zu dem weichen Roggen-Sauerteigstarter (Anstellgut) haben wir es hier im Prinzip mit einem festen Weizen-Sauerteigstarter zu tun. Lievito Madre ist eine feine Sache, denn er kann ohne Probleme direkt aus dem Kühlschrank zum Teig gegeben werden oder bei Zimmertemperatur reifen. Mit seinem gewaltigen Trieb macht er unser Brot und unsere Brötchen luftig und aromatisch und verbessert die Frischhaltung – das begeistert mich immer wieder. Er eignet sich für Backwaren aller Art: Hefekuchen, Brötchen, mediterranes Brot und vieles mehr. Im Prinzip kann er überall hineinhüpfen. Meist hege und pflege ich ihn zeitnah und regelmäßig mit meinem treuen Roggen-Anstellgut.

Durch den Zusatz von Lievito Madre im Teig benötigen wir einen geringeren Anteil von Hefe, nach mehrmaligem Füttern kann mit dem Wachsen der Triebkraft unserer Mutterhefe auch ganz auf Hefe verzichtet werden.

Tipp...

Rechenbeispiel:

Unser Roggen-Anstellgut hat TA 200, das heißt, es hat einen Wassergehalt von 200.

Lievito Madre ist ein fester Weizenvollkorn-Sauerteig von TA 150. Geben wir dem Roggen-Anstellgut beim nächsten Füttern Weizenvollkornmehl zu und füttern in der Folge weiterhin mit Weizen.

Nun sollten Sie immer

- **zwei Teile Mehl,**
- **zwei Teile Weizen-Anstellgut und**
- **ein Teil Wasser** nehmen.

In der Praxis bedeutet das:
Wenn Sie bisher 100 ml Wasser mit 100 g Roggenvollkornmehl und 20 g Anstellgut vermischt haben, reichen nun 50 ml Wasser auf 100 g Weizenvollkornmehl und 100 g Lievito Madre. Nach einigen kurz aufeinanderfolgenden Auffrischungen gehört Ihnen ein triebfähiger Lievito Madre.
Bewahren Sie ihn im Kühlschrank auf, wie beim Roggensauer beschrieben, und frischen Sie ihn spätestens nach 1–2 Wochen auf.

Das Wasser, das Sie zugeben, sollte handwarm sein.

Bei mir stehen bereits seit Jahren ein Roggen-Anstellgut und ein Lievito Madre im Kühlschrank und fühlen sich wohl. Wenn Sie einen eigenen Lievito Madre haben wollen, züchten Sie ihn aus aktivem Roggen-Anstellgut. Dazu nehmen Sie einen Teil von Ihrem Roggen-Anstellgut und füttern diesen Ansatz mit Weizenvollkornmehl, auch Dinkelvollkornmehl funktioniert. Bleiben Sie dann bei der gewohnten Mehlsorte. Denn Mikroorganismen, die sich vor allem außen an der Schale des Getreidekorns befinden, aber auch in der Luft, die uns umgibt, bevorzugen ihr gewohntes Milieu. Falls er Ihnen irgendwann zu säuerlich riecht, entfernen Sie die oberste Schicht, die erfahrungsgemäß ledern-trocken und gelblicher aussieht. Damit die Mikrobakterien nicht verhungern, muss Ihr Anstellgut nun dringendst gefüttert werden. Am besten zweimal in den nächsten 48 Stunden. Lassen Sie es jeweils für 4–6 Stunden abgedeckt an einem warmen Plätzchen stehen und reifen, bevor es wieder mit einem milden, buttrigen Aroma in den Kühlschrank zurückkehrt.

Die kleinen und großen Helferlein

Zum Brotbacken braucht es keine große Ausstattung, meist kann das Brot mit dem Zubehör gebacken werden, das sowieso in Ihrer Küche vorhanden ist. Vor allem, wenn Sie erst in die Materie hineinschnuppern wollen, werden Sie erstaunt sein, mit welch kleiner Backausrüstung köstliches Brot hergestellt werden kann. Falls Sie jedoch dauerhaft Brot backen möchten, erleichtern gewiss einige der folgenden Helferlein das Handwerk.

Abkühlgitter: Brote und Brötchen kühlen nach dem Backen auf dem Abkühlgitter schneller ab, ohne feucht zu werden. Die Backwaren bleiben außen knusprig und innen weich.

Baguetteblech: Durch ein spezielles Baguetteblech wird ein Auseinanderlaufen der Teigstränge verhindert. Das gelochte, wellenförmige Blech mit Vertiefungen sorgt dafür, dass die Baguetteteiglinge eher nach oben aufgehen als zur Seite.

Brotbackform: Achten Sie darauf, eine sauerteigbeständige Brotbackform zu nutzen, denn die Inhaltsstoffe des Sauerteigs können beim Gären Materialien angreifen. Ohne Bedenken lassen sich Brotbackformen mit einer Emaillebeschichtung oder aus Edelstahl verwenden.

Dauerbackfolie: Sie ist ausgesprochen praktisch und verträgt meistens eine höhere Temperatur als Backpapier.

Gärkorb: Für den Anfang reicht eine normale Schüssel, die zu einem Gärkorb umfunktioniert wird. Mit einem Geschirr- oder Mulltuch ausgelegt und mit Kartoffelstärke und Mehl bestäubt, kann der Teig in Ruhe gehen und sich entfalten. Der Gärkorb verhilft dem Brotlaib, die gewünschte Form und ein Oberflächenmuster anzunehmen. Gärkörbchen kommen niemals zum Backen in den Backofen, sie sind vor dem Backen im Einsatz.

Getreidemühle: Für mich als leidenschaftliche Vollkornbäckerin meine absolute Lieblingsküchenmaschine – der wundervolle Geruch und die gesundheitlichen Vorzüge von frisch gemahlenem Getreide überzeugen mich immer wieder. Wer möchte, kann zu Beginn seiner Brotbackkarriere im Bioladen sein Getreide mahlen lassen.

Mehlbesen: Mit einem Mehlbesen wischen Sie überschüssiges Mehl vom Teig, damit nicht allzu viel Mehl in das Innere des Brotes gelangt und sogenannte Mehlnester bildet, die optisch und geschmacklich das Brot beeinträchtigen. Sie können damit auch Mehl von der Arbeitsfläche fegen.

Rührschüssel mit Deckel: Ich bevorzuge ein Set von Rührschüsseln mit Deckeln, die platzsparend ineinander gestellt werden. Ideal, um Teige zu verschließen, damit sie in Ruhe gehen können.

Teigkarte: Zwei unterschiedliche Teigkarten sind beliebt, denn sie sind das ideale Werkzeug zum leichten Zerteilen, Schaben, Aufnehmen und Formen von Teig.

- Da wäre einmal eine weiche, flexible Teigkarte. Sie schmiegt sich jeder Teigschüssel an und entfernt optimal alle Teigreste ohne jegliche Verschwendung. Zudem ist sie perfekt zum Glattstreichen von Teigen in der Backform.
- Die steife Teigkarte ist praktisch, um den Teig von der Arbeitsfläche zu lösen und diese ebenfalls von Teigresten zu befreien. Mit ihr lässt sich bequem Mehl unter den Teig schieben oder der Brotteig abstechen oder abschneiden. Das Portionieren geht entspannter von der Hand als mit einem Messer.

Waage: Zum genauen Wiegen und Dosieren der Zutaten ist eine Digitalwaage unerlässlich. Bei den geringen Hefemengen, die wir für den Teig verwenden, ist vor allem eine kleine digitale Feinwaage äußerst geschickt. Sie wiegt in 0,01-g-Schritten.

Weckgläser: Zweckmäßig sind Weckgläser mit einem Volumen von einem Dreiviertelliter. Dies ist meine bevorzugte Größe, damit das Roggen-Anstellgut oder der Lievito Madre genug Platz hat, um sich auszudehnen und später im Kühlschrank verwahrt zu werden.

Zwei Hände oder/und eine Knetmaschine: Soll eine größere Familie mit Brot verköstigt werden? Dann wäre eine stabile Teigmaschine für größere Mengen vielleicht ideal für Sie. Sonst genügen zwei gesunde Hände, die voller Hingabe den Teig kneten. Meist meine erste Wahl, dennoch bemerke ich immer wieder, dass sie die Kraft einer Teigmaschine nicht ersetzen können. Wer lockere Brote bevorzugt, bediene sich einer Küchenmaschine, die problemlos den schweren Vollkornteig bewältigt.

Grundlagenbücher und Stöbern auf Brotback-Foren und -Blogs

Geduld, gutes Zeitmanagement, Flexibilität sowie viel Freude am Experimentieren

Fingertest: Durch den Fingertest wird festgestellt, wie weit die Gare vorangeschritten ist: Dazu wird der Teigling an der Oberfläche etwa 1 cm tief eingedrückt. Sobald sich der Eindruck bis auf 1–2 mm zum Ausgangszustand zurückdehnt, haben wir eine knappe Gare. Wenn er sich nur noch wenig zurückbewegt, haben wir eine Vollgare, und es wird höchste Zeit, das Brot einzuschießen.

Dampf erzeugen: Um Dampf zu erzeugen, stellt man ein altes Blech schon beim Vorheizen auf den Boden des Backofens. Nachdem das Brot im Ofen ist, gibt man eine Tasse Wasser (ca. 50 ml) auf das Blech.

Klopfprobe: Mit den Fingerknöcheln auf die Unterseite des Brots klopfen. Ist das Brot vollständig durchgebacken, klingt es hohl. Tönt es dumpf, muss es wieder in den Ofen.

Mehr Informationen zum Dampferzeugen lesen sie auf Seite 125.

Die Rezepte sind mit den jeweiligen Icons versehen!

Mit wenigen Hilfsmitteln zu köstlichem selbst gebackenem Brot. Foto © Sigrid Schimetzky

Sportliche Brote

Mit wenig Aufwand gut

Ach je, der Brotkorb ist leer. Kein Problem, denn jedes der Brote in diesem Kapitel steht für unkompliziertes und bequemes Backen – auch und gerade zu Hause. Ist das nicht wunderbar?

Aus dem ganzen Korn selbst ein Brot zu backen, damit verbinde ich aromatischen Duft, der durchs Haus weht, knusprige Kruste beim Hineinbeißen und das Versprechen auf ein volles Aroma. Selbst zwischendurch geht das Backen leicht von der Hand.

Positive Erfahrung für Leib, Geist und Seele!

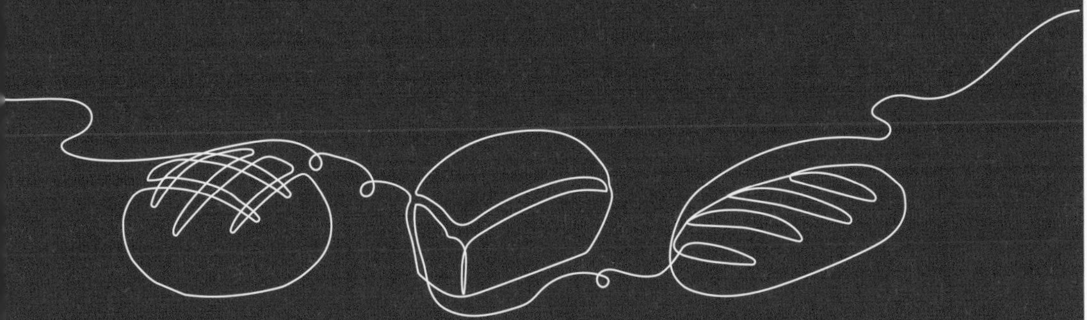

Weizen-Roggen-Vollkornbrot

Bodenständiger Bodo

Das ist mein einfachstes Brot mit wenig Zutaten, wunderbarem Geschmack und luftiger Porung. Direkt von der Knetschüssel kommt es in die Form. Jetzt warten wir, bis es zur doppelten Höhe aufgegangen ist, und schieben es in den Ofen – das ist der ganze Zauber.

Zutaten

für eine Teigmasse von 1150 g

Hauptteig

1 g Frischhefe
530 g Wasser
3 g Sauerteig-Anstellgut
(optional, siehe Seite 122)
400 g Weizenvollkornmehl
200 g Roggenvollkornmehl
12 g Salz
1 TL Honig

Sonstiges

Butter für die Form
Weizenvollkornmehl zum Bestreuen

Zeitbedarf

Triebmittel: Hefe
Hauptteig mischen: 15 Minuten
Teigruhezeit: insgesamt 8–13 Stunden
Backtemperatur: 250 °C, fallend auf 210 °C
Backzeit: ca. 45 Minuten

siehe Seite 123
siehe Seite 125
siehe Seite 25

Zubereitung

1 Für den Hauptteig Hefe in Wasser auflösen, dann alle Zutaten gründlich vermischen und 15 Minuten in der Küchenmaschine kneten. In eine gut ausgefettete Form füllen und glatt streichen.

2 Die Oberfläche des Brots mit Mehl bestäuben. Damit sie nicht antrocknet, die Form bei Zimmertemperatur mit Klarsichtfolie abdecken oder in einen Frischhaltebeutel geben und verschließen.

3 Für rund 8 Stunden gehen lassen, bis der Teig den Rand der Form erreicht hat und doppelt so hoch gegangen ist. Je nach Umgebungstemperatur kann es etwas länger oder kürzer dauern.

4 Zum Backen den Backofen auf 250 °C Ober-/Unterhitze aufheizen.

5 Die Brotform mit Dampf hineingeben und für 10 Minuten auf der 2. Schiene von unten backen.

6 Dann die Temperatur auf 210 °C herunterregeln, den Dampf entweichen lassen, indem die Backofentür für 1 Minute weit aufgemacht wird.

7 In weiteren 35 Minuten das Brot goldbraun fertig backen. Klopfprobe machen! Das Brot herausnehmen und auf einem Rost abkühlen lassen.

Tipp...

Wenn es pressiert, kann die Hefemenge auch verdoppelt werden, nach bereits 5 Stunden steht dann bereits ein fertiges Brot auf dem Rost.

Foto © Sigrid Schimetzky

Buchweizen-Vollkornbrot

Einfach genial unkompliziert

Das Buchweizen-Vollkornbrot ist ein unkompliziertes Brot. Und zwar deshalb, weil alle Zutaten einfach miteinander gut vermischt und in zwei gefettete kleine Formen eingefüllt werden. Dann dürfen sie etwa 6 Stunden gehen. Backen, auskühlen lassen und fertig. Da soll doch mal jemand sagen, Brotbacken sei kompliziert.

Zutaten

für eine Teigmasse von 1150 g

Hauptteig

1 g Frischhefe
3 g Sauerteig-Anstellgut (optional, siehe S. 122)
680 g Wasser
550 g Weizenvollkornmehl
50 g Roggenvollkornmehl
50 g Buchweizen, gemahlen
90 g Buchweizenkörner
14 g Salz

Sonstiges

Butter für die Form
2 EL Buchweizenkörner zum Bestreuen

Zeitbedarf

Triebmittel: Hefe und/oder Roggen-Anstellgut
Hauptteig mischen: 6 Minuten
Teigruhezeit: insgesamt 6–12 Stunden
Backtemperatur: 250 °C, fallend auf 220 °C
Backzeit: ca. 45 Minuten

siehe Seite 123
siehe Seite 125
siehe Seite 25

Zubereitung

1 Für den Hauptteig Hefe und Sauerteig-Anstellgut in 100 g Wasser auflösen, dann alle Zutaten gründlich vermischen, 5 Minuten kneten und in 2 kleine, gut ausgefettete Formen füllen. Die Buchweizenkörner darüberstreuen.

2 Damit die Oberfläche nicht antrocknet, die Form bei Zimmertemperatur mit Klarsichtfolie abdecken oder in einen Frischhaltebeutel geben und verschließen.

3 Für rund 6 Stunden gehen lassen, bis der Teig den Rand der Formen erreicht hat. Falls nur Hefe als Triebmittel genommen wird, kann es bis zu 12 Stunden dauern.

4 Zum Backen den Backofen auf 250 °C Ober-/Unterhitze aufheizen.

5 Brotformen mit Dampf hineingeben und für 10 Minuten backen. Dann die Temperatur auf 220 °C herunterregeln, den Dampf entweichen lassen, indem die Backofentür für 1 Minute weit aufgemacht wird. In weiteren 35 Minuten die Brote goldbraun fertig backen. Klopfprobe machen!

6 Die Brote herausnehmen und anschließend auf einem Rost abkühlen lassen.

Foto © Sigrid Schimetzky

Vollkornbrot mit Körnern

Ein Brot mit Charakter

Ein Brot für alle Sauerteigfans, die ohne viele Zwischenschritte zu ihrem Ziel kommen wollen. Mit leckerer Sesam-Sonnenblumen-Kruste und leichtem Sauerteigaroma begeistert es in Sachen Aussehen und Geschmack. Für mich ist es eine wunderbare Kombi mit einem größeren Anteil an Roggenvollkornmehl für den Alltag. Kurz abgekühlt, kann es gleich angeschnitten werden. Für eine Schippe mehr Aroma lohnt es sich allerdings, damit einen Tag zu warten.

Zutaten

für eine Teigmasse von 1200 g

Hauptteig

50 g Roggen-Anstellgut
520 g Wasser
380 g Roggenvollkornmehl
125 g Weizenvollkornmehl
12 g Salz
35 g Sesam
75 g Sonnenblumenkerne

Sonstiges

Butter für die Form
1 EL Sesam zum Bestreuen
2 EL Sonnenblumenkerne zum Bestreuen

Zeitbedarf

Triebmittel: Roggen-Anstellgut
Hauptteig mischen: 6 Minuten
Teigruhezeit: insgesamt 12–20 Stunden
Backtemperatur: 250 °C, fallend auf 210 °C
Backzeit: ca. 55 Minuten

siehe Seite 123
siehe Seite 125
siehe Seite 25

Zubereitung

1 Für den Hauptteig Roggen-Anstellgut in Wasser auflösen, dann alle Zutaten für den Hauptteig gründlich vermischen.

2 Den Teig in eine größere, gut ausgefettete Kastenform füllen und mit feuchten Händen glatt streichen. Sesam und Sonnenblumenkerne darüberstreuen.

3 Damit die Oberfläche nicht antrocknet, die Form bei Zimmertemperatur mit Klarsichtfolie abdecken oder in einen Frischhaltebeutel geben und verschließen.

4 Für rund 14–20 Stunden bei Zimmertemperatur gehen lassen, bis sich das Teigvolumen verdoppelt hat. Je nach Umgebungstemperatur kann es länger oder kürzer dauern.

5 Zum Backen den Backofen auf 250 °C Ober-/Unterhitze aufheizen.

6 Die Brotform mit Dampf hineingeben und 10 Minuten backen. Dann die Temperatur auf 210 °C herunterregeln, den Dampf entweichen lassen, indem die Backofentür für 1 Minute weit aufgemacht wird. In weiteren 45 Minuten das Brot goldbraun fertig backen.

7 Klopfprobe machen! Das Brot aus der Kastenform stürzen und auf einem Rost abkühlen lassen.

Foto © Sigrid Schimetzky

Hafer-Honig-Dinkel-Vollkornbrot

Zu Süß und Herzhaft ein Gedicht

Hafer, Honig, Butter und Orangensaft versetzen uns bei diesem Brot direkt ins Schlaraffenland. Mit seiner zarten süßlichen Note, die nicht dominiert, schmeckt es nicht nur mit Marmelade, sondern auch mit Käse.

Zutaten

für eine Teigmasse von 1650 g
bzw. 2 Teiglinge à 825 g

Brühstück

100 g Haferflocken, mittelfein
300 g Wasser, kochend
60 g Honig
50 g Butter

Hauptteig

Brühstück
740 g Dinkelvollkornmehl
140 g Saft von 2 Orangen
240 g Wasser, kalt
1 TL Ceylon-Zimt
3 g Frischhefe

Sonstiges

Butter für die Formen
grobe Haferflocken

Zeitbedarf

Triebmittel: Hefe
Hauptteig mischen: 15 Minuten
Teigruhezeit: insgesamt 4,5 Stunden
Backtemperatur: 250 °C, fallend auf 220 °C
Backzeit: ca. 45 Minuten

siehe Seite 123
siehe Seite 125
siehe Seite 25

Zubereitung

1 Für das Brühstück Haferflocken mit dem kochenden Wasser übergießen, Honig und Butter hinzufügen, vermischen und lauwarm abkühlen lassen.

2 Für den Hauptteig zum Brühstück Dinkelvollkornmehl, Orangensaft, Wasser und Zimt hinzufügen und 3 Minuten vermischen. Jetzt die Hefe dazugeben und den Teig mit der Knetmaschine 7 Minuten kneten, bis er von glatter Konsistenz ist.

3 2 Brotbackformen gründlich einfetten und mit Haferflocken ausstreuen. Die Teigmasse halbieren und in die Formen einfüllen. Mit feuchten Händen die Oberfläche glatt streichen und mit Haferflocken bestreuen. Damit die Oberfläche nicht antrocknet, die Formen bei Zimmertemperatur mit Klarsichtfolie abdecken oder in einen Frischhaltebeutel geben und verschließen. Für rund 4,5 Stunden bei Zimmertemperatur gehen lassen, bis der Teig sich verdoppelt und den Rand der Form erreicht hat.

4 Zum Backen den Backofen auf 250 °C Ober-/Unterhitze aufheizen.

5 Die Brotform mit Dampf hineingeben und 10 Minuten backen. Dann die Temperatur auf 220 °C herunterregeln, den Dampf entweichen lassen, indem die Backofentür für 1 Minute weit aufgemacht wird. In weiteren 35 Minuten das Brot goldbraun fertig backen.

6 Klopfprobe machen! Das Brot aus der Kastenform stürzen und auf einem Rost abkühlen lassen.

Tipp...

Wer auf Zimt und die Hälfte des Honigs verzichtet, erhält ein völlig neutrales Haferbrot für jede Art von Belag. Zeitlich können wir den Termin zum Backen mit bis zu 8 Stunden Stückgare hinausziehen, indem wir nur 2 g Hefe verwenden.

Walnuss-Apfel-Dinkel-Vollkornbrot

Von der Herbstsonne verwöhnt, ins Brot gepackt

Geschmack ist in! Und den hat dieses rustikale Walnussbrot reichlich. Apfelsaft, geröstete Walnüsse sowie eine zarte Sauerteignote harmonieren vorzüglich miteinander. Das leckere Brot gelingt auch ohne Sauerteig-Anstellgut, einfach stattdessen 2 g Hefe hinzufügen und abwarten, bis der Teig die Backform ausfüllt. Ich hatte mich auf eine lange Wartezeit eingestellt, aber mein Sauerteig war so triebfähig, dass ich das Brot bereits nach 8 Stunden in den Backofen schieben konnte. Hier bestimmt der Teig die Zeit.

Zutaten

für 1 Teigling von 1350 g

Hauptteig

45 g Roggen-Anstellgut (oder 2 g Frischhefe)
300 g Wasser
300 g Apfelsaft
600 g Dinkelvollkornmehl
5 g Flohsamenschalen
12 g Meersalz
60 g Walnüsse, geröstet

Sonstiges

Butter für die Form
einige Walnusshälften

Zeitbedarf

Triebmittel: Roggen-Anstellgut oder Hefe
Hauptteig mischen: 8 Minuten
Teigruhezeit: insgesamt 8–16 Stunden
Backtemperatur: 250 °C, fallend auf 220 °C
Backzeit: ca. 55 Minuten

siehe Seite 123
siehe Seite 125
siehe Seite 25

Zubereitung

1 Für den Hauptteig Sauerteig-Anstellgut in Wasser auflösen, dann alle Zutaten 3 Minuten gründlich vermischen, 5 Minuten kneten und in eine gut ausgefettete Form von 30 x 11 cm füllen. Mit einer angefeuchteten Hand glatt streichen. Die Form bei Zimmertemperatur in eine Plastiktüte geben und verschließen.

2 Für ca. 8–16 Stunden je nach Zimmertemperatur und Triebfähigkeit des Sauerteigs gehen lassen, bis der Teig den Rand der Form erreicht hat.

3 Zum Backen den Backofen auf 250 °C Ober-/Unterhitze aufheizen.

4 Die Oberfläche des Brots mit einigen Walnusshälften als Dekoration verschönern.

5 Die Brotform mit Dampf in den mittleren Bereich des Backofens hineingeben und für 10 Minuten backen. Dann die Temperatur auf 200 °C herunterregeln, den Dampf entweichen lassen, indem die Backofentür für 1 Minute weit geöffnet wird. In weiteren 45 Minuten das Brot goldbraun fertig backen.

6 Klopfprobe machen! Das Brot herausnehmen und auf einem Rost abkühlen lassen.

Anstellgut-Vollkornbrot

Hex-Hex: Schneller geht's kaum

Wer viel Sauerteig-Anstellgut übrig hat, kann es auch direkt aus dem Kühlschrank in den Teig hineingeben. Es wäre schade, wenn es entsorgt werden müsste. Bereits nach 3 Stunden steht ein saftiges und lange haltbares Brot vor uns mit unnachahmlichem Aroma. Und das ist sehr ungewöhnlich, denn meistens trocknen Schnellbrote ebenso schnell aus.

Zutaten

für 2 Teiglinge von jeweils 1200 g

Hauptteig

200 g Roggen-Anstellgut (bereits älter oder kurz vor dem Füttern)
300 g festes Weizen-Anstellgut oder Lievito Madre (bereits älter oder kurz vor dem Füttern)
400 g Weizenvollkornmehl
600 g Roggenvollkornmehl
10 g Frischhefe
850 g Wasser 40 °C
30 g Meersalz
40 g Honig

Sonstiges

Butter für die Form

Zeitbedarf

Triebmittel: Roggen-Anstellgut und festes Weizen-Anstellgut kurz vor dem Füttern
Hauptteig mischen: 15 Minuten
Teigruhezeit: 60–90 Minuten
Backtemperatur: 240 °C, fallend auf 210 °C
Backzeit: ca. 60–75 Minuten

siehe Seite 123
siehe Seite 125
siehe Seite 25

Zubereitung

1 Für den Hauptteig alle Zutaten, einschließlich den direkt aus dem Kühlschrank entnommenen Sauerteigen, in die Rührschüssel der Küchenmaschine geben. Zuerst auf der niedrigsten Stufe langsam vermischen und dann bis zu 15 Minuten kräftig kneten. Den Teig anschließend 30 Minuten ruhen lassen.

2 Inzwischen die Backformen mit Butter einfetten und leicht bemehlen.

3 Nun den Teig in die vorbereiteten Backformen zu etwa zwei Drittel einfüllen, bemehlen und bei Zimmertemperatur 60–90 Minuten gehen lassen.

4 Zum Backen den Backofen auf 240 °C Ober-/Unterhitze aufheizen.

5 Wenn der Teig bis fingerdick unter der Kante der Backform aufgegangen ist, mit einer bemehlten Stipprolle darübergehen. Sofort in die Mitte des Backofens mit leichten Schwaden schieben.

6 Die Temperatur sofort auf 210 °C herunterregeln und die Brote in etwa 60–75 Minuten fertig backen.

Bergisches Schwarzbrot

Vollkornbrot mit Hefe und Joghurt

Ursprünglich wurde das Bergische Schwarzbrot mit etwa 25 g Hefe, reichlich Rübenkrautsirup und Buttermilch als Flüssigkeitszugabe hergestellt. Dieses bekamen die Arbeiter in die Steinbrüche des Bergischen Landes mit. Es hielt sich lange frisch, sättigte hervorragend und schmeckte zu der selbst gemachten Kottenwurst. Diese Mettwurst wurde nach dem Räuchern unter das Dach des Kotten, das ist ein kleiner Stall, gehängt. Abgewandelt ist aus dem alten Rezept jetzt ein alltagstaugliches und gut verdauliches Brot mit nur 1 g Hefe geworden.

Zutaten

für 1 Teigling von 1430 g

Hauptteig

300 g Weizenvollkornmehl
100 g Weizenschrot
125 g Roggenschrot
50 g Sonnenblumenkerne
50 g Leinsamen
50 g Sesam
1 g Frischhefe
500 g Joghurt 3,5 %
175 g Wasser
30 g Meersalz
50 g Rübenkraut

Sonstiges

Butter für die Form
etwas Schrot zum Bestreuen

Zeitbedarf

Triebmittel: Hefe
Hauptteig mischen: 15 Minuten
Teigruhezeit: 7–8 Stunden
Backtemperatur: 250 °C, fallend auf 150 °C
Backzeit: 2,5 Stunden

siehe Seite 123
siehe Seite 125
siehe Seite 25

Zubereitung

1 Für den Hauptteig alle Zutaten in die Rührschüssel der Küchenmaschine geben. Zuerst auf der niedrigsten Stufe 3 Minuten langsam vermischen und dann 10 Minuten kräftig kneten. Den Teig 30 Minuten ruhen lassen.

2 Inzwischen die Backform mit Butter einfetten und leicht bemehlen.

3 Nun den Teig in die vorbereitete Backform zu etwa zwei Drittel einfüllen, bemehlen und bei Zimmertemperatur 7–8 Stunden gehen lassen, bis der Teig den Rand der Form erreicht hat.

4 Zum Backen den Backofen auf 250 °C Ober-/Unterhitze aufheizen.

5 Den Teigling in die Mitte des Backofens mit leichten Schwaden schieben.

6 Die Temperatur sofort auf 150 °C herunterregeln und das Brot in 2,5 Stunden fertig backen. Klopfprobe machen!

Foto © Sigrid Schimetzky

Kleingebäck – mal süß, mal würzig

» ZU HAUSE IST, WO DIE LIEBE WOHNT, ERINNERUNGEN GEBOREN WERDEN, FREUNDE IMMER WILLKOMMEN SIND UND JEDERZEIT EIN BRÖTCHEN AUF DICH WARTET.

Ich weiß nicht, woher dieser Spruch stammt. Aber er trifft den Nagel auf den Kopf.

Wer freut sich nicht auf Schätze aus dem Ofen? Wie wäre es mit zarten, weichen Brioche-Brötchen oder Schoki-Weckchen an einem kulinarischen Morgen mit Freunden? Oder mit knusprigen Brötchen, die nur darauf warten, üppig belegt zu werden? Oder Zimtrollenkuchen im „Kampf“ gegen den süßen Hunger zur Kaffeezeit?

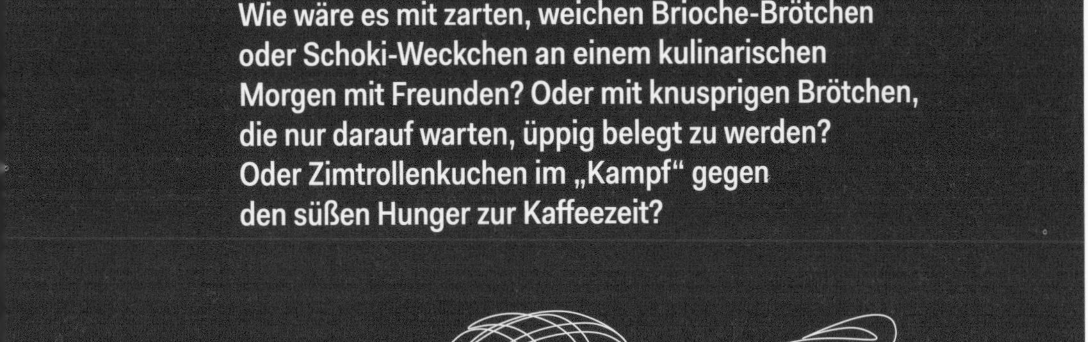

Weizenvollkornbrötchen

mit Übernachtgare zum Abstechen

Vollkornmehl braucht Zeit, damit die enthaltenen Ballaststoffe besser quellen und der Teig Wasser aufnehmen kann. Warum also nicht einfach abends den Teig zusammenkneten, sich schlafen legen und ihn über Nacht allein arbeiten lassen? Ruck, zuck werden die Brötchen am nächsten Morgen gebacken und wir beißen voller Wonne hinein.

Zutaten

für ca. 10 Stück

Hauptteig

60 g Roggenvollkornmehl
440 g Weizenvollkornmehl
360 g kaltes Wasser
8 g Frischhefe
10 g Salz
15 g Olivenöl

Zeitbedarf

Triebmittel: Hefe
Hauptteig mischen: 10 Minuten
Teigruhezeit: 12 Stunden
Backtemperatur: 230 °C
Backzeit: ca. 20 Minuten

siehe Seite 125

siehe Seite 25

Zubereitung

1 Für den Hauptteig alle Teigzutaten 10 Minuten kneten und 1 Stunde bei Zimmertemperatur stehen lassen. Dann für 10 Stunden bzw. über Nacht in den Kühlschrank stellen.

2 Nach dieser Zeit den Teig vorsichtig auf die bemehlte Arbeitsfläche kippen und mit einem Teigschaber bzw. -schneider 10-eckige Teiglinge abstechen.

3 Auf ein gefettetes oder mit Backpapier ausgelegtes Backblech legen und etwa 1 Stunde lang Zimmertemperatur annehmen lassen.

4 Zum Backen den Backofen auf 230 °C Ober-/Unterhitze vorheizen. Die Teiglinge tief einschneiden und mit viel Dampf 20 Minuten goldbraun backen. Auf einem Kuchengitter auskühlen lassen.

Pfälzer Doppelweck

Weizen-Dinkel-Vollkornbrötchen

Von Kindesbeinen an bewunderte ich die Doppelweck in Pfälzer Backstuben. Weil Traditionen dafür da sind, dass sie gepflegt werden, wollte ich unbedingt einen Doppelweck haben, der aus reinem Vollkorn besteht und vor allem aromatisch schmeckt. Dieser erfüllt alle meine Erwartungen.

Zutaten

für 10 Doppelteiglinge

Quellstück:

7 g Flohsamenschalen
140 g Wasser

Hauptteig

Quellstück
450 g Weizenvollkornmehl
50 g Dinkelvollkornmehl
100 g Lievito Madre
5 g Frischhefe
245 g Wasser
10 g Honig
12 g Salz
1 EL Balsamico bianco
15 g Butter

Sonstiges

etwas Mehl zum Bestäuben

Zeitbedarf

Triebmittel: Lievito Madre oder fester Weizensauerteig und Hefe
Quellstück: 2 Stunden
Hauptteig mischen: 15 Minuten
Teigruhezeit: 24 Stunden
Backtemperatur: 250 °C, fallend auf 230 °C
Backzeit: ca. 20 Minuten

siehe Seite 123
siehe Seite 125
siehe Seite 25

Zubereitung:

1 Fürs Quellstück Flohsamenschalen mit dem Wasser vermischen und 2 Stunden quellen lassen.

2 Für den Hauptteig Hefe in Wasser auflösen. Alle Zutaten für den Teig vermischen und 10 Minuten kneten. Bei Zimmertemperatur in einer Schüssel mit Deckel 90 Minuten stehen lassen. Nach 45 Minuten und zum Abschluss den Teig sanft dehnen und falten, dafür mit einer Teigkarte den Teig am Schüsselrand hochziehen, dehnen und zur Mitte über die Teigkugel falten. Die Schüssel immer ein Stück weiterdrehen und die Aktion wiederholen.

3 Den Teig abgedeckt für etwa 20 Stunden in den Kühlschrank stellen.

4 Auf einer leicht bemehlten Arbeitsfläche 20 Teiglinge von jeweils 50 g Gewicht abstechen und rundwirken. Jeweils 2 Stück mit Abstand zum nächsten Paar eng nebeneinander auf ein eingefettetes oder mit Backfolie ausgelegtes Backblech setzen und mit einem Küchentuch bedecken. Etwa 120 Minuten bis zur Vollgare gehen lassen, dabei die Oberfläche der Teiglinge häufiger mit der Wasserspritze anfeuchten, damit sie nicht austrocknet.

5 Zum Backen den Backofen auf 250 °C Grad Ober-/Unterhitze vorheizen. Die Teiglinge mit Mehl bestäuben und mit Dampf im mittleren Bereich einschieben.

6 Den Backofen sofort auf 230 °C herunterregeln, nach 5 Minuten den Dampf ablassen. Insgesamt 20 Minuten backen und in den letzten 5 Minuten den Ofen auf Heißluft stellen, damit die Brötchen eine rösche Oberfläche erhalten. Auf einem Kuchengitter auskühlen lassen.

Foto © Sigrid Schimetzky

Castanea-Brötli

Laugenvollkorngebäck

Leider kommt der Effekt der hellen Kastanienbäckchen durch das reine Vollkornmehl und das handelsübliche Natron optisch nicht so deutlich zum Tragen. Wer auf schönen Glanz und gleichmäßigere braune Farbe Wert legt, verwendet echte, leider ätzende Lauge, die allerdings nur mit gewissen Sicherheitsvorkehrungen verwendet werden kann.

Zutaten

für ca. 24 Stück à 25 g

Hauptteig

300 g Weizenvollkornmehl
50 g Roggenvollkornmehl
3,5 g Hefe
230 ml Wasser, lauwarm
1 TL Honig
7 g Meersalz
25 g Butter

Sonstiges

grobes Salz oder Mohn
Lauge:
1 l Wasser
50 g Natron

Zeitbedarf

Triebmittel: Hefe
Hauptteig mischen: 15 Minuten für einen kleinen Vorteig, 10 Minuten kneten
Teigruhezeit: 16 Stunden
Backtemperatur: 220 °C
Backzeit: ca. 20 Minuten

Tipp...

Statt den Minibrötchen können Sie jederzeit auch größere Laugenbrötchen bzw. -stangen backen.

Zubereitung

1 Für den Hauptteig zunächst beide Vollkornmehlsorten in eine Schüssel geben, mittig eine Mulde drücken und die Hefe hineinbröseln. Diese mit lauwarmem Wasser auflösen und mit etwas Mehl und dem Honig verrühren. Mit Mehl bestäuben und ca. 15 Minuten gehen lassen. Nun mit den restlichen Zutaten ca. 10 Minuten zu einem weichen Teig verkneten.

2 Zugedeckt 2 Stunden bei Raumtemperatur stehen lassen, um den Gärvorgang zu aktivieren. In einer Schüssel mit Deckel oder mit Frischhaltefolie abgedeckt für etwa 10 Stunden in den Kühlschrank stellen.

3 Am nächsten Morgen den Teig ca. 2–3 Stunden bei Raumtemperatur gehen lassen, dabei sollte er beim Akklimatisieren sein Volumen verdoppeln.

4 Eine größere Platte mit Backpapier belegen. Von der Größe sollte die Platte in den Kühlschrank passen. Aus dem Teig längliche Rollen von ca. 50 g Gewicht formen. Die Röllchen auf das Backpapier legen, unbedeckt 30–45 Minuten bis zur Vollgare gehen lassen. Daraufhin für 20 Minuten in den Kühlschrank stellen, damit sie eine ledrige Haut bekommen.

5 Vor dem Laugen und Backen Backofen auf 220 °C Ober-/Unterhitze vorheizen.

6 Das Wasser mit dem Natron aufkochen, die kleinen Rollenteiglinge mit einem Schaumlöffel in die heiße Lauge kurz untertauchen. Gut abtropfen lassen. Mit einem sehr scharfen Messer in einem Schnitt mittig durchtrennen. Diese Schnittflächen bleiben später beim Backen cremefarbig, während die mit Lauge gebadeten Teile ihren dunklen Ton erhalten – so entwickelt sich der Kastanienlook. Nach Belieben mit grobem Salz oder Mohn bestreuen.

7 Die Laugenkastanien kommen nun auf das Backblech mit Backpapier und werden sofort etwa 15–20 Minuten ohne Dampf auf mittlerer Schiene bei 180 °C gebacken. Auf einem Kuchengitter auskühlen lassen.

Dinkelvollkorn-Brioche mit Apfel

Schlemmerbrötchen, wie sie im (Koch-)Buche stehen!

Diese Brötchen sind softig, mit einem wunderbaren Aroma von Butter und Apfel. Ein runder Taler zum Reinbeißen und Wohlfühlen, dessen Duft die Nase zärtlich umhüllt. Dieses Stück Glück schmeckt nicht nach staubigen Körnermühlen, sondern nach einem feinen Luxusbrötchen. Passt zur Kaffeestunde oder als Frühstücksbrötchen, mit Butter bestrichen und Marmelade bekleckst.

Zutaten

für ca. 12 Stück à 80 g

Vorteig:

375 g Dinkelvollkornmehl
7 g frische Hefe
185 g Buttermilch
6 g Salz
1 Ei
60 g Honig
60 g Butter

Hauptteig

Vorteig
200 g Apfel, gewürfelt
25 g Rosinen
1 TL Zimt

Sonstiges

1 Ei
1 EL Schlagsahne

Zeitbedarf

Triebmittel: Hefe
Vorteig: 20 Stunden
Hauptteig mischen: 5 Minuten
Teigruhezeit: 1 Stunde
Backtemperatur: 190 °C
Backzeit: ca. 20 Minuten

siehe Seite 125

Zubereitung

1 Für den Vorteig die Frischhefe in einer Mulde im Mehl mit der lauwarmen Buttermilch und etwas Mehl zu einem Teiglein verrühren, mit Mehl bestäuben und ca. 10 Minuten gehen lassen.

2 Dann alle weiteren Zutaten zu einem weichen Teig mindestens 5 Minuten lang gut verkneten. Den Teig 2 Stunden bei Raumtemperatur abgedeckt gehen lassen. Danach für etwa 18 Stunden in den Kühlschrank stellen.

3 Für den Hauptteig den Teig aus dem Kühlschrank herausnehmen, die restlichen Zutaten des Hauptteigs hinzufügen, kurz durchkneten und 12 Teiglinge zu je 80 g abstechen. Es ist sinnvoll und praktisch, sie abzuwiegen, damit sie gleichmäßig schwer werden.

4 Die Teiglinge mit bemehlten Händen rund formen und auf ein eingefettetes oder mit Backpapier belegtes Backblech mit etwas Abstand setzen. Noch mindestens 1 Stunde bei einer Zimmertemperatur von ca. 24 °C gehen lassen, bis sie gut aufgegangen sind. Ist die Umgebungstemperatur kühler, einfach geduldig bleiben, dann benötigen sie mehr Zeit zum Gehen.

5 Zum Backen den Backofen auf 190 °C Ober-/Unterhitze aufheizen.

6 Das Ei mit der Sahne verquirlen. Die Teiglinge mit der Ei-Sahne-Mischung mit einem Pinsel bestreichen.

7 Das Blech mittig in den Ofen schieben und bei 190 °C Umluft mit Dampf ca. 15–20 Minuten goldbraun backen. Die Apfelbrötchen auf einem Kuchengitter abkühlen lassen.

Tipp...

Leckere Variante: Teiglinge nach dem Bestreichen mit gehackten Mandeln bestreuen.

Foto © Sigrid Schimetzky

Griechische Rohrflöten

Gefüllte Vollkornstangen mit Hirtenkäse, Oliven und Paprika

Eine Party steht an? Dann ist das hier das passende Rezept, perfekt zum Mitnehmen und Verwöhnen. Der Teig entwickelt über Nacht herrliche Aromen, die Füllung ist ruck, zuck gemacht. Das Einwickeln geht dann fast von selbst.

Zutaten

für ca. 10 Stück

Hauptteig

4 g Frischhefe
440 g Wasser, handwarm
600 g Weizenvollkornmehl
1 TL Honig
12 g Meersalz
4 g Kräuter der Provence
40 g Olivenöl

Füllung:

80 g rote Paprika
40 g gehackte grüne oder schwarze Oliven
10 g milde Peperoni
150 g Hirtenkäse oder Feta

Sonstiges

Roggenvollkornmehl, nicht zu fein

Zeitbedarf

Triebmittel: Hefe
Hauptteig mischen: 15 Minuten
Teigruhezeit: 16–19 Stunden
Backtemperatur: 220 °C
Backzeit: ca. 25 Minuten

siehe Seite 125

Zubereitung

1 Für den Hauptteig die Hefe im Wasser auflösen. Weizenvollkornmehl und Honig hinzufügen, alles gut verrühren. Salz und Kräuter der Provence hinzufügen und den Teig 10 Minuten kneten. Zum Schluss das Olivenöl unterkneten.

2 Den weichen Teig abgedeckt bei Raumtemperatur 3 Stunden reifen lassen, nach 30 und 60 Minuten dehnen und falten. Der Teig bekommt zusehends mehr Spannung. Luftdicht abgedeckt für ca. 12–16 Stunden zur Übernachtgare in den Kühlschrank stellen.

3 Herausnehmen, den Teig wieder dehnen und falten, 1 Stunde bei Raumtemperatur akklimatisieren lassen.

4 Währenddessen die Füllung zubereiten. Dafür geputzte Paprika, Oliven und Peperoni fein würfeln. Den Hirtenkäse dazubröseln und alles miteinander vermischen.

5 10 Teiglinge à ca. 100 g von der Teigmasse abstechen. Jeden Teigling mit bemehlten Händen zu einer Kugel formen und auf der mit Roggenvollkornmehl bemehlten Arbeitsfläche zu einem länglichen Fladen oder einem Rechteck auseinanderdrücken.

6 1 Esslöffel Füllung mittig darauf verteilen, die länglichen Seiten darüberklappen, die kurzen Seiten leicht dehnen und ebenfalls darüberklappen. Das Päckchen mit der Naht nach unten auf ein gefettetes Backblech oder auf Backpapier mit etwas Abstand legen. Mit einem Küchentuch bedeckt nochmals 30–45 Minuten gehen lassen.

7 Fürs Backen den Backofen auf 220 °C Ober-/Unterhitze vorheizen. Die Teiglinge mit Dampf im mittleren Bereich einschießen und 20 Minuten backen. Nach 10 Minuten die Backofentür für 1 Minute öffnen, damit der Dampf entweichen kann. Auf Umluft stellen und für eine bessere Bräune und Kruste weitere 5 Minuten backen. Die Stangen auf einem Kuchengitter auskühlen lassen.

Tipp…

Ein fettarmer Hirtenkäse oder Feta ist gut für die Füllung. Er schmilzt weniger als eine fettreiche Variante, behält seine Konsistenz besser und fließt nicht aus der Stange heraus.

Kürbiskern-Wackerchen

Weizenvollkornbrötchen mit Kernen und Saaten

Brötchen voller gesunder Kerne und Samen, herrlich locker und durch die Röststoffe mit einem wunderbaren Geschmack ... Ich musste mich erst überwinden, Kürbiskernbrötchen zu backen, denn die aus Supermärkten und Großbäckereien haben mir nie besonders geschmeckt. Heraus kamen die allerleckersten Kürbiskern-Wackerchen, die ich jemals gegessen hatte.

Zutaten

für ca. 12 Stück

Quellstück

100 g Kürbiskerne
50 g Sesamsamen
3 g Meersalz
75 g Wasser

Vorteig

1 g Frischhefe
120 g Wasser, ca. 40 °C warm
120 g Weizenvollkornmehl

Hauptteig

Vorteig
380 g Weizenvollkornmehl
3 g Frischhefe
250 g Wasser, 40 °C
7 g Meersalz
Quellstück

Sonstiges

30 g gehackte Kürbiskerne
grobes Meersalz

Zeitbedarf

Triebmittel: Hefe
Vorteig: 20 Stunden
Hauptteig mischen: 5 Minuten
Teigruhezeit: 1 Stunde
Backtemperatur: 190 °C
Backzeit: ca. 20 Minuten

siehe Seite 125

siehe Seite 25

Zubereitung

1 Für das Quellstück Kürbiskerne in einer heißen Pfanne ohne Fett rösten. Sobald sie Farbe annehmen Sesamsamen hinzufügen und kurz mitrösten. Zur Seite stellen, Wasser und Salz hinzufügen, unterrühren und bei Raumtemperatur 14 Stunden quellen lassen.

2 Für den Vorteig Hefe in Wasser auflösen, Weizenvollkornmehl hinzufügen und alles vermischen. Bei Raumtemperatur 14 Stunden gehen lassen.

3 Für den Hauptteig die Zutaten des Hauptteigs mit dem Vorteig gut von Hand vermengen, zum Schluss das Quellstück hinzugeben und vermengen. Den Teig 2 Stunden abgedeckt zur Gare stellen, nach 30 und 60 Minuten dehnen und falten.

4 Nach der Gare erneut dehnen und falten und den Teig auf die bemehlte Arbeitsfläche gleiten lassen, zu einem Rechteck formen und mit einer Teigkarte 12 Dreiecke, die Wackerchen, abstechen. Mit Abstand auf eine Backfolie setzen und mit warmem Wasser aus einem Pflanzensprüher einnebeln. Mit den gehackten Kürbiskernen und etwas grobem Meersalz bestreuen. Beides leicht andrücken und die Wackerchen mit einem Küchentuch bedeckt noch 45 Minuten gehen lassen.

5 Zum Backen den Backofen mit dem Backblech auf 240 °C Ober-/Unterhitze aufheizen. Das Backblech herausnehmen. Vorsicht, es ist heiß!

6 Die Backfolie mit den Wackerchen daraufschieben und in den mittleren Bereich des Backofens mit viel Dampf 10 Minuten backen lassen. Die Backofentür kurz öffnen, die Temperatur auf 200 °C herunterregeln und in weiteren 15 Minuten fertig backen. Die Wackerchen auf einem Kuchengitter auskühlen lassen.

Tipp...

Wenn die Wackerchen zu wenig Farbe haben, in den letzten 5 Minuten den Backofen auf 225 °C Umluft stellen.

Foto © Sigrid Schimetzky

Kartoffel-Vollkorn-Wurzeln mit Gerstensaft

Ein kulinarisches Highlight!

Es lohnt sich immer, einen größeren Topf Pellkartoffeln zu kochen. Eine kleine Menge davon zweige ich gern für dieses Gebäck ab. Saftig durch die fein geriebenen Kartoffeln, mit einem zarten Aroma von Bier, mit ihrer knusprigen Kruste und dem intensiven Geschmack von grobem Meersalz sind sie ein kulinarisches Highlight.

Zutaten

für ca. 10 Stück

Hauptteig

300 g Pellkartoffeln vom Vortag
4 g Frischhefe
275 g warmes Weizenbier
75 g Roggenvollkornmehl
375 g Dinkelvollkornmehl
1 TL Honig
9 g Salz
20 g Butter

Sonstiges

grobes Meersalz
Vollkornmehl für die Arbeitsfläche

Zeitbedarf

Triebmittel: Hefe
Hauptteig mischen: 15 Minuten
Teigruhezeit: 10,5 Stunden
Backtemperatur: 250 °C, auf 230 °C fallend
Backzeit: ca. 25 Minuten

siehe Seite 123
siehe Seite 125
siehe Seite 25

Zubereitung

1 Für den Hauptteig Pellkartoffeln schälen und fein reiben.

2 Die Hefe in etwas Bier auflösen. Alle Teigzutaten vermischen und 10 Minuten kneten. Bei 24 °C in einer Schüssel mit Deckel etwa 3,5 Stunden stehen lassen. Bei geringerer Temperatur kann sich die Reifezeit bis zu 10 Stunden ausdehnen.

3 Zwischendurch dreimal dehnen und falten, dafür mit einer Teigkarte den Teig am Schüsselrand hochziehen, dehnen und zur Mitte über die Teigkugel falten. Die Schüssel immer ein Stück weiterdrehen und die Aktion wiederholen.

4 Den gut gegangenen Teig vorsichtig auf die bemehlte Arbeitsfläche kippen und mit einem Teigschaber bzw. -schneider 10 längliche Teiglinge abstechen. Jeden Teigling in Mehl wenden, an den Enden greifen und in die entgegengesetzten Richtungen leicht drehen.

5 Die Teiglinge mit etwas Abstand auf ein gefettetes oder mit Backpapier ausgelegtes Backblech legen, mit grobem Meersalz bestreuen und 30 Minuten gehen lassen.

6 Zum Backen den Backofen auf 250 °C Ober-/Unterhitze vorheizen. Die Teiglinge mit viel Dampf im mittleren Bereich einschießen. Den Backofen sofort auf 230 °C herunterregeln und die Wurzeln insgesamt 25 Minuten backen. Die letzten 5 Minuten bei leicht geöffneter Backofentür knusprig backen.

Foto © Sigrid Schimetzky

Weizen-Dinkel-Vollkorn-Baguette

Schmeckt nussiger als das französische Original

Auf dieses Baguette bin ich besonders stolz, es schmeckt knusprig, aromatisch-saftig und hat eine große und ungleichmäßige Porung. Durch lange Teigführung über drei Tage ergeben sich lockere, schmackhafte Stangen. Es ist ein Baguette nach französischer Art, wobei ich einen Teil des Weizenvollkornmehls durch Dinkelvollkornmehl für einen nussigeren Geschmack ersetzt habe.

Zutaten

für 3 Stück à 300 g

Hauptteig

300 g Weizenvollkornmehl
200 g Dinkelvollkornmehl
3 g Frischhefe
10 g Honig, mild
395 g Wasser
12 g Meersalz

Sonstiges

Vollkornmehl für die Arbeitsfläche

Zeitbedarf

Triebmittel: Hefe
Hauptteig mischen: 10 Minuten
Teigruhezeit: 54–78 Stunden
Backtemperatur: 250 °C
Backzeit: ca. 20 Minuten

siehe Seite 125

siehe Seite 25

Zubereitung

1 Für den Hauptteig Mehl, Hefe, Honig und 370 g Wasser mit der Küchenmaschine auf langsamer Stufe vermischen. Nach 3 Minuten Salz hinzufügen und auf der nächsthöheren Geschwindigkeitsstufe in weiteren 7 Minuten die Masse zu einem weichen glatten Teig verkneten, bis er sich von selbst vom Schüsselrand löst. Eventuell noch das restliche Wasser hinzufügen.

2 In einer Schüssel mit Deckel 2 Stunden bei Zimmertemperatur anspringen lassen. Währenddessen zweimal dehnen und falten. Dann darf der Teig für 48–72 Stunden im Kühlschrank ruhen.

3 Den Teig herausholen und innerhalb 2 Stunden bei Zimmertemperatur akklimatisieren lassen.

4 Zum Formen drei Teiglinge abstechen und auf leicht bemehlter Arbeitsfläche länglich vorformen. 15 Minuten zugedeckt entspannen lassen, dann zu Baguettes formen. Dafür nimmt man die obere lange Kante, faltet sie zur Mitte und drückt sie vorsichtig fest. Mit der unteren Kante genauso verfahren. Zum Schluss die obere Kante nun vollständig über den Teigling ziehen und am vorderen Rand mit den Fingerspitzen leicht festdrücken. Dann mit den flachen Händen die Teiglinge hin und her rollen, bis die gewünschte Länge von ca. 40 cm erreicht wird.

5 Auf ein bemehltes Tuch oder Dauerbackfolie legen, diese zwischen den Teiglingen in Falten legen. Die Teiglinge bemehlen und etwa 60 Minuten gehen lassen.

6 Zum Backen den Backofen auf 250 °C Ober-/Unterhitze mit dem Backblech aufheizen. Die Teiglinge auf das Blech legen, länglich einschneiden und mit Dampf in den Backofen schieben. Nach 10 Minuten den Dampf ablassen und in weiteren 10 Minuten goldbraun backen.

Foto © Sigrid Schimetzky

Weizen-Dinkel-Vollkorn-Buns

Die idealen Burgerbrötchen

Ein Burgerbrötchen, das nur darauf wartet, üppig belegt zu werden, braucht gewisse Qualitäten. Es soll sich für Burger eignen, aber auch für jede Art von Belag: Viel Geschmack mit leichter Butternote und eine fluffige Konsistenz, dazu eine weiche, leicht goldene Kruste, all das ist wünschenswert und findet sich hier.

Zutaten

für eine Teigmasse von 780 g

Hauptteig

8 g Hefe
225 g Wasser, lauwarm
300 g Weizenvollkornmehl
125 g Dinkelvollkornmehl
1 großes Ei
30 g Honig, mild
30 g Butter, weich
9 g Salz

Sonstiges

20 g Butter, zerlassen
2 EL Sesamsaat

Zeitbedarf

Triebmittel: Hefe
Hauptteig mischen: 10 Minuten
Teigruhezeit: 12–40 Stunden
Backtemperatur: 230 °C, fallend auf 190 °C
Backzeit: ca. 25 Minuten

Zubereitung

1 Für den Hauptteig Hefe in Wasser auflösen, dann alle Zutaten in 10 Minuten zu einem weichen glatten Teig verkneten.

2 In einer Schüssel mit Deckel 2 Stunden bei Zimmertemperatur anspringen lassen. Dann kommt der Teig über Nacht in den Kühlschrank, mindestens 8 Stunden bis zu 36 Stunden kann er dortbleiben und bei Bedarf entnommen werden.

3 Anschließend 8 Teigstücke à 97 g zu runden Kugeln formen. Auf ein gefettetes Blech setzen und abgedeckt etwa 2 Stunden gehen lassen, bis sie sich gut vergrößert haben.

4 Vor dem Backen mit der zerlassenen Butter bestreichen und mit Sesamsaat bestreuen.

5 Zum Backen den Backofen auf 230 °C Ober-/Unterhitze aufheizen. Das Blech mit ein wenig Dampf auf die 2. Schiene von unten hineinschieben, die Temperatur sofort auf 190 °C reduzieren. In ca. 20–25 Minuten fertig backen.

Schoki-Weckchen

Schokoladenbrötchen mit Lievito Madre

Der Teig reift über Nacht. Arbeit? Nicht der Rede wert. Mittags schiebe ich die Brötchen in den Backofen – und zur Kaffeezeit serviere ich köstlich warme Deluxe-Schokobrötchen. Locker, fluffig, mit der richtigen Schokodosis bestückt, schmecken sie am besten mit guter Butter bestrichen.

Zutaten

für 12 Stück à 100 g

Hauptteig

600 g Weizenvollkornmehl
6 g Hefe
110 g Lievito Madre aus dem Kühlschrank
100 g Sahne
190 g Wasser, 40 °C
12 g Salz
60 g saure Sahne
1 großes Ei (65 g)
60 g Honig

Sonstiges

70 g Zartbitterschokolade
1 Eigelb + etwas Sahne zum Bestreichen

Zeitbedarf

Triebmittel: Hefe und Lievito Madre
Kleinen Vorteig und Hauptteig mischen: 30 Minuten
Teigruhezeit: 14,5–18,5 Stunden
Backtemperatur: 200 °C
Backzeit: ca. 25 Minuten

siehe Seite 125

Zubereitung

1 Für den Hauptteig Weizenvollkornmehl in eine Schüssel geben, in der Mitte eine Mulde bilden, ein wenig Mehl mit der Hefe und etwas Flüssigkeit zu einem Vorteig vermischen und 15 Minuten gehen lassen.

2 Nun alle Zutaten des Hauptteigs hinzufügen und 15 Minuten ausgiebig kneten. Den Teig abgedeckt 1–2 Stunden bei Zimmertemperatur stehen lassen, bis ein guter Trieb erkennbar ist, dann für 8–12 Stunden in den Kühlschrank stellen.

3 Herausnehmen, kurz durchwirken und bei Zimmertemperatur bis zu 3,5 Stunden gehen lassen, der Teig sollte mindestens doppeltes Volumen angenommen haben und sich angenehm weich und fluffig anfühlen.

4 Nun die Zartbitterschokolade mit einem scharfen Messer in kleine Stückchen abschaben oder trennen, zu dem Teig geben und kurz unterarbeiten.

5 Jetzt 12 Teiglinge à 110 g (wird ohne Lievito Madre gearbeitet: 100 g) abwiegen und jeweils zu ovalen Fladen mit den Fingern drücken, diese von der kurzen Seite her zu einer länglichen Rolle aufrollen und mit der Naht nach unten auf ein eingefettetes oder mit Backpapier ausgelegtes Backblech geben.

6 Eigelb mit Sahne verquirlen und die Teiglinge damit bestreichen. Auf der Oberfläche einen 1 cm tiefen Längsschnitt mit dem Messer vornehmen und die Brötchen nochmals 1 Stunde gehen lassen.

7 Zum Backen den Backofen auf 200 °C Ober-/Unterhitze aufheizen. In den vorgeheizten Backofen bei 200 °C Ober-/Unterhitze mit leichten Schwaden in den mittleren Bereich einschieben und in 20–25 Minuten goldgelb backen. Herausnehmen und auf einem Kuchengitter auskühlen lassen.

Foto © Sigrid Schimetzky

Fruchtige Chillas

Dinkel-Vollkorn-Brioche mit Fruchtmus

Wie wäre es mit diesen zarten, weichen Brioches zum Brunch? Mit ihrer zarten Süße passen sie wunderbar zu Butter und Marmelade, Honig und Frischkäse. Sie sind locker und saftig und halten lange frisch. Meistens bleiben aber keine übrig, denn sie schmecken viel zu gut.

Zutaten

für 9 Stück à 85 g

Vorteig

360 g Dinkelvollkornmehl
60 g Wasser
7 g Hefe

Hauptteig

160 g püriertes Mus von jeweils zur Hälfte eingeweichten Feigen und Zitronenfruchtfleisch
3,5 g Flohsamenschalen
7 g Salz
50 g Sahne
1 Ei (50 g)
50 g Honig
30 g Butter

Sonstiges

Butter zum Bestreichen und Einfetten

Zeitbedarf

Triebmittel: Hefe
Kleinen Vorteig und Hauptteig mischen: 30 Minuten
Teigruhezeit: 5,5 Stunden
Backtemperatur: 220 °C, fallend auf 200 °C
Backzeit: ca. 30 Minuten

siehe Seite 125

Zubereitung

1 Für den Vorteig Dinkelvollkornmehl in eine Schüssel geben, in der Mitte eine Mulde bilden, ein wenig Mehl mit der Hefe und etwas Flüssigkeit zu einem Vorteig vermischen und 15 Minuten gehen lassen.

2 Für den Hauptteig alle übrigen Zutaten des Hauptteigs, abgesehen von der Butter, 10 Minuten zu einem glatten Teig kneten. Ganz zum Schluss noch die Butter unterarbeiten.

3 Den Teig abgedeckt 4 Stunden bei Zimmertemperatur zur Gare stehen lassen, zwischendurch dreimal dehnen und falten. Der Teig sollte zum Schluss mindestens doppeltes Volumen angenommen haben und sich angenehm weich und fluffig anfühlen.

4 Eine Springform von 26 cm Durchmesser einfetten. 9 Teiglinge à 85 g abwiegen und durch Dehnen und Falten zu Kugeln formen. Eine Kugel in die Mitte der Springform setzen, die anderen in gleichmäßigen Abständen rundherum gruppieren.

5 Die Oberfläche der Teiglinge mit flüssiger Butter bestreichen. Mit einem Küchentuch abdecken und etwa 90 Minuten gehen lassen.

6 Zum Backen den Backofen auf 220 °C Ober-/Unterhitze aufheizen. Die Brötchen in den Backofen mit leichten Schwaden in den mittleren Bereich einschieben und 10 Minuten backen. Die Temperatur auf 200 °C herunterregeln und in weiteren 20 Minuten die Brötchen goldgelb backen. Herausnehmen und auf einem Kuchengitter auskühlen lassen.

Foto © Sigrid Schimetzky

Zimtrollenkuchen

mit Marzipan-, Cranberry- und Walnussfüllung

Zimtrollenkuchen ist mein bevorzugtes Gegenmittel bei süßem Hunger. Vor allem dann, wenn es ohne viel Aufwand schmecken soll. Man rührt den Teig zusammen, lässt ihn zwei Stunden gehen und schiebt ihn für bis zu drei Tage in den Kühlschrank. Nach Bedarf den Teig herausnehmen, süß füllen und – genießen.

Zutaten

für 12 Stück in einer 26er-Springform

Hauptteig

450 g Dinkelvollkornmehl
10 g Hefe
160 g Wasser, lauwarm
2 große Eier
60 g Honig, mild
60 g Butter, zerlassen
9 g Meersalz

Füllung

50 g Walnüsse
100 g Cranberrys oder Rosinen oder Datteln
50 g Butter, zerlassen
50 g Honig, mild
1 TL Ceylon-Zimt
150 g Marzipan

Zeitbedarf

Triebmittel: Hefe
Hauptteig mischen: 15 Minuten
Teigruhezeit: 12–40 Stunden
Backtemperatur: 180 °C
Backzeit: ca. 45 Minuten

Zubereitung

1 Für den Hauptteig alle Zutaten gründlich vermischen, 10 Minuten kneten und in einer Schüssel mit Deckel, damit die Oberfläche des Teigs nicht antrocknet, bei Zimmertemperatur für 2 Stunden gehen lassen.

2 Den Teig mindestens für 8 Stunden in den Kühlschrank stellen, er kann jedoch ohne Weiteres bis zu 36 Stunden dort aufbewahrt und nach Bedarf entnommen werden.

3 Für die Füllung Walnüsse und Cranberrys fein hacken und mit Butter, Honig und Zimt vermischen. Marzipan zu mehreren etwa 1 cm dicken Rollen formen, diese sollten zusammen insgesamt etwa 48 cm lang sein.

4 Den Teig auf einer leicht bemehlten Arbeitsfläche zu einem Rechteck von etwa 48 x 32 cm ausrollen. Von der langen Seite her die Marzipanrollen nebeneinanderlegen. Die Walnussfüllung auf der restlichen Fläche dünn ausstreichen.

5 Die Teigplatte zu einer großen Rolle locker aufrollen. In 4 cm dicke Scheiben schneiden, insgesamt 12 Stück. Mit ein wenig Abstand in eine gefettete 26er-Springform legen.

6 Mit einem Küchentuch abdecken und 2 Stunden bei Raumtemperatur gehen lassen, bis die Rollen merklich größer geworden sind.

7 Zum Backen den Backofen auf 180 °C Ober-/Unterhitze aufheizen. Die Rollen auf der 2. Schiene von unten in etwa 45 Minuten goldbraun backen.

Sauerteigcracker

Das ideale Knabbergebäck für den gemütlichen Abend

Wer kennt das nicht? Die Lust am Knabbern vor dem Fernseher. Hier kommt die gesunde Lösung, Vollkorncracker aus einem Rest Sauerteig, der beim Füttern übrig geblieben ist und nun mustergültig entsorgt wird. Geschmack bringt zusätzlich geräuchertes Paprikapulver und grobes Himalayasalz.

Zutaten

für ca. 400 g Teig, gibt je nach Teigplattendicke 60–80 Cracker

Hauptteig

150 Weizenvollkornmehl
160 g Roggen-Anstellgut, kurz vor dem Füttern
40 g Wasser, kalt
1 TL Paprikapulver, geräuchert
50 g Butter
6 g Meersalz

Sonstiges

Olivenöl, kaltgepresst
Himalayasalz, grob

Zeitbedarf

Triebmittel: Roggen-Anstellgut, kurz vor dem Füttern
Hauptteig mischen: 5 Minuten
Teigruhezeit: 6 Stunden
Backtemperatur: 180 °C
Backzeit: ca. 20 Minuten

Zubereitung

1 Für den Hauptteig alle Zutaten zu einem glatten Teig, der nicht klebt, gründlich vermischen. Die Teigmasse halbieren und zu 2 Platten à 15 x 15 cm formen. Diese in Frischhaltefolie einwickeln und für 5 Stunden im Kühlschrank lagern.

2 Herausnehmen und für 1 Stunde temperieren lassen. Mit einem bemehlten Nudelholz auf einer leicht bemehlten Arbeitsfläche oder direkt auf einer Dauerbackfolie zu 2 dünnen, ca. 4 mm dicken gleichmäßigen Teigplatten ausrollen. Mit Olivenöl bestreichen und mit Salz bestreuen.

3 Die Teigplatten auf zwei mit Dauerbackfolie belegte Backbleche legen und die Teigplatten vorsichtig in Quadrate schneiden, z. B. mit einem Pizzarad, und mit den Zinken der Gabel mittig einstechen.

4 Zum Backen den Backofen auf 180 °C Umluft aufheizen. Die Bleche hineingeben und nach 10 Minuten von der Position her austauschen, damit die Cracker gleichmäßig backen. Nach weiteren 10 Minuten beginnen die Cracker an den Rändern zu bräunen und werden nun herausgenommen. Abgekühlt halten sie in einer luftdichten Dose bis zu zwei Wochen.

Tipp...

Damit der Teig schön gleichmäßig ausgerollt wird, den Teig zwischen zwei 4 mm dicken Holzleisten legen und mit einem Nudelholz über Teig und Leisten rollen.

Foto © Sigrid Schimetzky

Taschenbrot

Türkisches Weizenvollkorn-Fladenbrot

Klar sind die Fladenbrote vom türkischen Supermarkt unübertroffen luftig. Dafür schmeckt es selbst gebacken einfach viel besser, hat Substanz und Aroma. Zu Tsatsiki ist das türkische Fladenbrot die ideale Beilage. Oder noch besser, wie eine Tasche quer einschneiden, mit Fetakäse, Tomaten und Zwiebeln belegen und in Folie eingepackt 15 Minuten im Backofen backen. Unübertroffen ist es auch als Dönertasche mit selbst gemachtem Krautsalat, Tomaten und Peperoni gefüllt.

Zutaten

für 2 Teiglinge je 450 g

Vorteig

200 g Weizenvollkornmehl
200 g Joghurt 3,8 %
1 g Frischhefe

Hauptteig

9 g Frischhefe
160 g Wasser
300 g Weizenvollkornmehl
15 g Honig
10 g Salz
20 g Olivenöl

Sonstiges

Schwarzkümmel oder Sesam
Sahne zum Bestreichen

Zeitbedarf

Triebmittel: Hefe
Vorteig: 12 Stunden
Hauptteig mischen: 15 Minuten
Teigruhezeit: 4 Stunden
Backtemperatur: 250 °C, fallend auf 220 °C
Backzeit: ca. 20 Minuten

siehe Seite 123
siehe Seite 125
siehe Seite 25

Zubereitung

1 Für den Vorteig Hefe in Joghurt auflösen, Weizenvollkornmehl hinzufügen und alles vermischen. Bei Raumtemperatur in einer Schüssel mit Deckel etwa 12 Stunden abgedeckt reifen lassen.

2 Für den Hauptteig Frischhefe in Wasser auflösen und mit dem Vorteig und den anderen Zutaten mischen. In 15 Minuten zu einem weichen, gut händelbaren Teig kneten.

3 3 Stunden bei Raumtemperatur zur Gare stellen, dabei dreimal nach jeweils 45 Minuten dehnen und falten.

4 Den Teig halbieren und zu zwei Teiglingen sanft rund einschlagen. 30 Minuten mit Schluss nach unten auf der bemehlten Arbeitsfläche mit einem Tuch abgedeckt ruhen lassen. Danach umdrehen und mit den Fingerspitzen bis tief zum Boden eindrücken. Nochmals 30 Minuten ruhen lassen. Wieder umdrehen, auf ein gefettetes Backblech legen und dieses Mal nur leicht mit den Fingerspitzen eindrücken. Mit Sahne bestreichen und Schwarzkümmel und Sesam darüberstreuen.

5 Zum Backen den Backofen auf 250 °C Ober-/Unterhitze vorheizen.

6 Die Teiglinge mit Schwaden in den mittleren Bereich des Backofens schieben. Die Temperatur sofort auf 220 °C herunterregeln und in ca. 20 Minuten fertig backen. Nochmals mit Sahne bestreichen und abkühlen lassen.

Wandlungs-fähiger Hefeteig

Dieser Vollkornhefeteig kann immer auf Vorrat bereitstehen. Bis zu einer Woche harrt er im Kühlschrank der Dinge, die Sie mit ihm anstellen möchten. Er ist stets parat – perfekt für Fladenbrot, Pizzaboden, Flammkuchen und Brötchen. Und bleibt ein Teigrest übrig, dann landet er im Brotteig.

Foto © Shutterstock/ Sokorevaphoto

Grundrezept Hefeteig

Ein Vollkornteig, der wahre Wunder vollbringt!

Feinporig, fluffig und weich oder auch nach Belieben kross gebacken, kommt das aus ihm zubereitete Gebäck aus dem Ofen, selbst nach einigen Tagen schmeckt es immer noch köstlich frisch. Dieser Teig bezaubert jeden, selbst eingeschworene Vollkorngegner lieben aus ihm hergestelltes Gebäck.

Zutaten

für einen Teigling von 685 g

für Pizza, Flammkuchen, Fladen oder Brötchen

Hauptteig

50 g Roggenvollkornmehl
350 g Weizenvollkornmehl
4 g Hefe
275 ml lauwarmes Wasser
1 TL Honig
8 g Salz

Zeitbedarf

Triebmittel: Hefe
Vorteig: 15 Minuten
Hauptteig mischen: 15 Minuten
Teigruhezeit: 1–7 Tage

Zubereitung

1 Für den Vorteig schütten wir die beiden Vollkornmehlsorten in eine Schüssel, drücken eine mittige Mulde und zerbröseln die Hefe hinein. Diese mit einem Teil des Wassers auflösen und mit etwas Mehl und dem Honig zu einem Vorteig verrühren. Mit Mehl bestäuben und ca. 15 Minuten gehen lassen.

2 Für den Hauptteig Salz und die restliche Flüssigkeit zugeben, alle Zutaten mindestens 15 Minuten zu einem weichen Teig verkneten. Zugedeckt 1 Stunde bei Zimmertemperatur stehen lassen, um den Gärvorgang zu aktivieren.

3 Nun in einer Schüssel mit Deckel oder, falls nicht vorhanden, mit Frischhaltefolie abgedeckt in den Kühlschrank stellen. Dort kann der Teig bis zu einer Woche verbleiben.

4 Nach Bedarf die gewünschte Teigmenge abnehmen und warm stellen, dabei sollte der Teig sein Volumen verdoppeln. Nach Rezept weiter vorgehen.

Gefülltes provenzalisches Vollkornbrot

Party-Fougasse

Mit diesem gefüllten provenzalischen Brot werden Sie Furore machen, denn die ungewöhnlich geformte Brotsorte ist der Blickfang auf jedem Partytisch.

Zutaten

für ein Fougasse von ca. 30 x 36 cm

Hauptteig

2-fache Menge des Grundrezepts (siehe S. 73)

Füllung

250 g Mozzarella
50 g Tomaten, eingelegt und getrocknet
1 TL Rosmarin-Meersalz, grob
2 EL Olivenöl

Sonstiges

2 EL Olivenöl zum Bestreichen
1 TL Rosmarin-Meersalz zum Bestreuen
Rosmarin, frisch und gehackt

Zeitbedarf

Triebmittel: Hefe
Vorteig: 15 Minuten
Hauptteig mischen: 15 Minuten
Teigruhezeit: 1–7 Tage
Stückgare: 30 Minuten
Backtemperatur: 230 °C, fallend auf 200 °C
Backzeit: ca. 40 Minuten

siehe Seite 125

Zubereitung

1 Den nach Grundrezept zubereiteten Hefeteig aus dem Kühlschrank nehmen, durchkneten und etwa 2,5 Stunden lang Zimmertemperatur annehmen lassen, bis er auf die doppelte Größe aufgegangen ist.

2 Für die Füllung Mozzarella und getrocknete Tomaten fein würfeln. Mit dem Salz würzen und Olivenöl vermischen.

3 Zum Formen den Teig halbieren und auf bemehlter Arbeitsfläche zu 2 Dreiecken, den Blättern, formen. Sie sollten ein Format von etwa 28 x 34 cm haben. Auf das untere Blatt die Füllung geben, dabei den Rand etwa 2 cm breit aussparen.

3 Das 2. Blatt blattaderähnlich einschneiden und die Kanten der Einschnitte vorsichtig auseinanderziehen. Vorsichtig auf das 1. Blatt mit der Füllung setzen und die Ränder zusammendrücken.

4 Mit Olivenöl bestreichen. Darüber das grobe Meersalz und die frischen Rosmarinnadeln streuen. Auf ein eingefettetes Blech legen und ca. 30 Minuten gehen lassen.

5 Zum Backen den Backofen auf 230 °C Ober-/Unterhitze vorheizen. Das Blech mit viel Dampf in den vorgeheizten Backofen schieben. Nach 10 Minuten kurz die Backofentür öffnen, damit der Dampf entweichen kann, und die Temperatur auf 200 °C herunterregeln. In weiteren 30 Minuten die Fougasse goldbraun backen.

Grünkohlpesto-Schnecken

Pikante Hefeteilchen mit Pesto und Käse

Diese Schneckennudeln schmecken super zu Suppen. Und sind in der Miniversion das ultimative Partymitbringsel. Das Pesto für die Füllung habe ich gleich in doppelter Menge zubereitet. Denn damit können Sie wunderbar Pasta aufpeppen. Das Rezept funktioniert nicht nur mit Grünkohl, sondern mit Grünzeug aller Art.

Zutaten

für 8 Stück in einer Kastenform
von 25 x 12 cm

Teig:

1 x Grundrezept
Vollkornhefeteig (siehe S. 73)

Pesto:

100 g Grünkohl (Rucola, Spinat, Bärlauch)
120 g Walnüsse
75 g Soft-Feigen, getrocknet
2 Knoblauchzehen
1 Zitrone, der Saft
1 Prise Chili
30 g Parmesan
70 g Hartkäse (z. B. Appenzeller)
165 g Olivenöl
Meersalz
schwarzer Pfeffer aus der Mühle

Sonstiges

Mehl für die Arbeitsfläche
Butter zum Ausfetten der Form

Zeitbedarf

Triebmittel: Hefe
Vorteig: 15 Minuten
Hauptteig mischen: 15 Minuten
Teigruhezeit: 1–7 Tage
Stückgare: 45 Minuten
Backtemperatur: 240 °C, fallend auf 200 °C
Backzeit: ca. 40 Minuten

siehe Seite 125

Zubereitung

1 Den nach Grundrezept zubereiteten Hefeteig aus dem Kühlschrank nehmen, sanft dehnen und falten und ca. 2–3 Stunden bei Zimmertemperatur stehen lassen.

2 Für die Füllung die Stiele der Grünkohlblätter entfernen und die Blätter klein zupfen. Mit den übrigen Zutaten in einem Mixer nach Belieben zu einem feineren oder gröberen Pesto pürieren und kräftig abschmecken. Die Hälfte davon in einem Glas im Kühlschrank aufbewahren, das Pesto kann anderweitig verwertet werden.

3 Zum Formen den Teig auf einer bemehlten Arbeitsfläche zu einer Teigplatte von ca. 40 x 50 cm ausrollen. Mit dem restlichen Pesto gleichmäßig bestreichen.

4 Die Teigplatte von der schmaleren Seite her stramm aufrollen und in 6 große Schnecken à 7 cm Länge und in 2 kleine Endabschnitte teilen. Die 6 Schnecken in eine mit Butter eingefettete Kastenform einsetzen und die 2 kleineren leicht mittig hinzufügen.

5 Die Kastenform an einem warmen Platz abgedeckt nochmals 45 Minuten gehen lassen.

6 Zum Backen den Backofen auf 200 °C Ober-/Unterhitze vorheizen. In den vorgeheizten Backofen auf die 2. Schiene von unten stellen. Leicht beschwaden und in etwa 40 Minuten goldgelb backen. Nach 10 Minuten kurz die Backofentür öffnen, damit der Dampf entweichen kann.

Tipp...

Die Schneckennudeln schmecken warm und kalt.

Foto © Sigrid Schimetzky

Gugelhupfbrötchen

Let's Party mit Saaten und Körnern!

Hier darf abgezupft werden, Brötchen für Brötchen. Der Gugelhupf gibt sich wandlungsfähig: als Grillbeilage oder zu einem Salatbüfett. Er besticht durch Optik und tolle Geschmacksvarianten.

Zutaten

für 24 Brötchen in einer Gugelhupfform von 24 cm Durchmesser

Teig

1,5-fache Menge
des Grundrezepts Vollkornhefeteig

Sonstiges

Verschiedene Körner, Saaten, Gewürze und getrocknete Kräuter, z. B. Sonnenblumenkerne, Kürbiskerne, Sesamsaat, Leinsamen, Mohn, Kümmel, Schnittlauchröllchen
Butter zum Ausfetten der Form

Zeitbedarf

Triebmittel: Hefe
Vorteig: 15 Minuten
Hauptteig mischen: 15 Minuten
Teigruhezeit: 1–7 Tage
Stückgare: 60 Minuten
Backtemperatur: 200 °C
Backzeit: ca. 40 Minuten

siehe Seite 125

Zubereitung

1 Zur Vorbereitung jeweils einige Esslöffel Körner, Saaten, Gewürze und getrocknete Kräuter in verschiedene kleine Schüsselchen geben und parat stellen.

2 Den Hefeteig aus dem Kühlschrank nehmen, zusammenfalten und 24 Stück à 40 g Gewicht abstechen.

3 Eine Schüssel mit Wasser dazustellen, die Hände darin anfeuchten, jedes Teigstück zu einer Kugel formen und in der entsprechenden Umhüllung wenden.

4 In die gefettete Gugelhupfform mit lockerem Abstand in der 1. Reihe hineinsetzen, die nächsten Teiglinge gleichmäßig daraufsetzen. Damit so lange fortfahren, bis alle Teiglinge in der Form rundherum versorgt sind.

5 Mit einem Tuch abgedeckt die Form an ein warmes Plätzchen für etwa 45–60 Minuten stellen und gehen lassen.

6 Zum Backen den Backofen auf 200 °C Ober-/Unterhitze vorheizen. Die Form in den vorgeheizten Backofen auf die 2. Schiene von unten stellen. Leicht beschwaden und in etwa 35–40 Minuten goldgelb backen.

7 Nach 10 Minuten kurz die Backofentür öffnen, damit der Dampf entweichen kann. Sacht auf ein Kuchengitter stürzen und abkühlen lassen.

Tipp...

Bei dieser Teigmenge können Sie ohne Weiteres auch eine kleinere Gugelhupfform von 22 cm verwenden. Wer Gäste erwartet: In die 24er-Gugelhupfform passt auch die 2-fache Menge des Grundrezepts. Dann dementsprechend einige Minuten länger backen.

Knofi-Fladenkissen

Flache, eckige Knoblauch-Vollkornkissen

Backen Sie lieber eine große Partie, denn diesen knusprigen Genuss mit dem würzigen Geschmack lässt sich niemand entgehen. Bei dem großartigen Snack zu Eintöpfen, Pastagerichten, Kurzgegrilltem oder zum Partybüfett kommt jeder Knoblauchfan auf seine Kosten.

Zutaten

für ca. 20 Fladenkissen à 6 x 6 cm

Teig

1,5-fache Menge
des Grundrezepts Vollkornhefeteig

Knoblauchbutter

4 Knoblauchzehen
1 Peperoni, grün und eingelegt
80 g Butter, weich
20 g Olivenöl
40 g Petersilienpesto, alternativ selbst gemachtes Grünkohlpesto (siehe S. 76)
1 TL italienisches Pizzagewürz
Limonensalz, grob

Zeitbedarf

Triebmittel: Hefe
Vorteig: 15 Minuten
Hauptteig mischen: 15 Minuten
Teigruhezeit: 1–7 Tage
Stückgare: 30 Minuten
Backtemperatur: 210 °C
Backzeit: ca. 15 Minuten

siehe Seite 125

Zubereitung

1 Für die Knoblauchbutter den Knoblauch schälen und sehr fein würfeln. Die Peperoni von Kernen und Stiel befreien und in feine Würfelchen schneiden. Alles mit der weichen Butter, Olivenöl, Petersilienpesto und Pizzagewürz vermischen, mit Limonensalz würzen.

2 Zum Formen den Hefeteig aus dem Kühlschrank nehmen, zusammenfalten und zu einem ca. 1 cm dicken Rechteck auf der bemehlten Arbeitsfläche ausrollen.

3 Mit einer großen Teigkarte ca. 6 x 6 cm große Quadrate abstechen und diese jeweils mit einem flach gehäuften TL Knoblauchbutter bestreichen.

4 Auf 2 eingefettete Bleche mit ein wenig Abstand legen und ca. 30 Minuten gehen lassen.

5 Zum Backen den Backofen auf 210 °C Umluft vorheizen.

6 Die beiden Bleche in den vorgeheizten Backofen schieben, leicht beschwaden und in etwa 15 Minuten goldgelb backen. Nach 10 Minuten kurz die Backofentür öffnen, damit der Dampf entweichen kann, und die Backbleche in den Positionen vertauschen.

Kümmel-Vollkornfladen

Mit geräuchertem grobem Salz schmecken sie so richtig „smoky“

Noch leicht warm verspeist, sind diese Kümmelfladen ein pikantes Knabbergebäck und im Handumdrehen zubereitet. Ich reiche sie mit Vorliebe zu Salat oder Gegrilltem.

Zutaten

für 4 Stück

Teig

3/4 der Menge des Grundrezepts Vollkornhefeteig

Sonstiges

25 g Butter, weich
1–2 EL Kümmelsamen
Meersalzsplitter Smoke

Zeitbedarf

Triebmittel: Hefe
Vorteig: 15 Minuten
Hauptteig mischen: 15 Minuten
Teigruhezeit: 1–7 Tage
Stückgare: 60 Minuten
Backtemperatur: 250 °C
Backzeit: ca. 15 Minuten

siehe Seite 123

Zubereitung

1 Zum Formen den Hefeteig aus dem Kühlschrank nehmen, sanft dehnen und falten und ca. 2 Stunden bei Zimmertemperatur stehen lassen.

2 Den Hefeteig in 4 Stücke unterteilen und mit bemehlten Händen zu Fladen von ca. 15 cm Größe formen.

3 Auf ein eingefettetes Backblech legen und rautenförmig einschneiden. Die Fladen satt mit Butter mithilfe eines Pinsels einreiben. Kümmel und einige Messerspitzen Meersalzsplitter darüber verteilen.

4 Mit einem Küchentuch abdecken und ca. 60 Minuten gehen lassen.

5 Fürs Backen den Backofen auf 250 °C Ober-/Unterhitze vorheizen.

6 Die Fladen auf einem Blech in den mittleren Bereich des vorgeheizten Backofens schieben, in etwa 15 Minuten goldgelb backen.

Tipp...

Durch Fingertest wird festgestellt, wie weit die Gare vorangeschritten ist: Dazu wird der Teigling an der Oberfläche etwa 1 cm tief eingedrückt. Sobald sich der Eindruck bis auf 1–2 mm zum Ausgangszustand zurückdehnt, haben wir eine knappe Gare. Wenn er sich nur noch wenig zurückbewegt, haben wir eine Vollgare, und es wird höchste Zeit, das Brot einzuschießen.

Backen im Topf

Topfbrote haben mich noch nie im Stich gelassen. Der Topf bewirkt, dass das Brot, wie von einem Backstein umgeben, gleichmäßig durchgart. Durch den geschlossenen Deckel bleibt der Dampf im Topf, während das Brot ungehindert nach oben aufsteigt und sich die Bildung der knusprig-goldbraunen Kruste verlangsamt.

Die Kruste ist immer dermaßen verlockend, dass ich es kaum erwarten kann, den ersten Happen zu essen. Am liebsten würde ich sofort mein Messer in die Hand nehmen, wenn ich das Brot aus dem Ofen hole, und mir eine große Schnitte davon abschneiden. Aber nicht umsonst betone ich immer, wie wichtig es ist, das Brot gründlich abkühlen zu lassen, damit es sein volles Aroma entfalten kann.

Knusperkrusti

Topfbrot mit Einkorn-Vollkornmehl

Einkorn gehört zu den seit einigen Jahren wiederentdeckten Urgetreidearten. Teig aus Einkorn benötigt mehr Ruhezeit als langes Kneten, denn der enthaltene Kleber ist sehr weich. Also perfekt, um in einem hitzefesten Topf im Backofen zu einem mild-säuerlichen, nussigen und goldenen Brot gebacken zu werden.

Zutaten

für einen Teigling von 1100 g

Sauerteig

285 g Einkorn-Vollkornmehl
240 g Wasser, warm
20 g Lievito Madre

Hauptteig

Sauerteig
300 g Weizenvollkornmehl
250 g Wasser, kalt
3 g Hefe
12 g Salz

Zeitbedarf

Triebmittel: Lievito Madre (festes Weizen-Anstellgut)
Sauerteig: 12–20 Stunden
Hauptteig mischen: 15 Minuten
Teigruhezeit: 3 Stunden
Backtemperatur: 250 °C, fallend auf 200 °C
Backzeit: ca. 55 Minuten

siehe Seite 123

siehe Seite 25

Zubereitung

1 Für den Sauerteig die Zutaten mischen und bei 24 °C Raumtemperatur etwa 12 Stunden reifen lassen. Bei kälteren Raumtemperaturen bis zu 20 Stunden reifen lassen.

2 Für den Hauptteig alle Zutaten mischen und 10 Minuten zu einem weichen Teig kneten. Das Wasser erst nach und nach beim Kneten hinzufügen – so wird es besser vom Mehl aufgenommen. Abgedeckt bei Zimmertemperatur etwa 2 Stunden stehen lassen und jeweils nach 30 Minuten mit einer Teigkarte dehnen und falten.

3 Dann auf einer bemehlten Arbeitsfläche mit bemehlten Händen einmal sanft dehnen und falten, dafür von allen Seiten den Teig hochziehen und zur Mitte hin falten. Den Teigling umdrehen und mit den Händen rund formen. Ihn drehend wird er seitlich zur Unterfläche hin leicht nach innen zu einer runden Form gedrückt. Wenn er eine gute Oberflächenspannung besitzt, kommt er in einen reichlich bemehlten Gärkorb mit Schluss nach unten. Abgedeckt sollte er nach etwa 1 Stunde eine knappe Gare bis Vollgare haben.

4 Zum Backen den Backofen während der Gare mit einem hitzefesten Topf mit Deckel, Ø 22–24 cm, auf der untersten Schiene auf 250 °C Ober-/Unterhitze vorheizen.

5 Den abgedeckten Topf in den Backofen stellen. 10 Minuten backen, dann die Temperatur auf 200 °C herunterregeln und nochmals 45 Minuten backen. Für eine schöne Bräunung und Kruste in den letzten 10 Minuten den Deckel abnehmen. Das Brot sacht auf ein Kuchengitter stürzen und umdrehen. Abkühlen lassen.

Tipp…

Man kann das Anstellgut auch durch 2,5 g Frischhefe ersetzen und als Vorteig gehen lassen.

Hummelchen mit Joghurt

Weizen-Roggen-Vollkorn-Topfbrot

Ohne Vorteig knetet man hier einfach alle Zutaten. Der Teig wird am nächsten Morgen in einem heißen, ofenfesten Topf gebacken. Dann genießen wir ein fantastisch saftiges Brot mit mild-säuerlicher Note.

Zutaten

für einen Teigling von 1000 g

Hauptteig

450 g Weizenvollkornmehl
100 g Roggenvollkornmehl
20 g Lievito Madre (festes Weizen-Anstellgut)
4 g Frischhefe
2 TL Honig
12 g Salz
225 g Joghurt, 3,5 %
200 g Wasser

Zeitbedarf

Triebmittel: Lievito Madre (festes Weizen-Anstellgut) und Hefe
Hauptteig mischen: 15 Minuten
Teigruhezeit: 12 Stunden
Backtemperatur: 250 °C, fallend auf 200 °C
Backzeit: ca. 50 Minuten

siehe Seite 123

siehe Seite 25

Zubereitung

1 Für den Hauptteig alle Zutaten vermischen und 10 Minuten kneten. Teig abgedeckt bei Zimmertemperatur stehen lassen und nach 1 Stunde mit einer Teigkarte dehnen und falten. Insgesamt 10 Stunden über Nacht gehen lassen.

2 Am nächsten Morgen den Teig auf einer bemehlten Arbeitsfläche einmal sanft dehnen und falten, dafür von allen Seiten den Teig hochziehen und zur Mitte hin falten. Den Teigling umdrehen und mit den Händen rund formen, ihn drehend wird er seitlich zur Unterfläche hin leicht nach innen zu einer runden Form gedrückt. Wenn er eine gute Oberflächenspannung besitzt, kommt er in einen reichlich bemehlten Gärkorb mit Schluss nach unten. Abgedeckt sollte er nach etwa 1 Stunde eine knappe Gare bis Vollgare haben.

3 Zum Backen den Backofen während der Gare vorheizen. Dazu einen hitzefesten Topf mit Deckel, Ø 22–24 cm, auf der untersten Schiene bei 250 °C Ober-/Unterhitze hineinstellen. Der Topf muss für das Backen nicht extra eingefettet werden.

4 Dann den Topf herausholen und den Deckel abnehmen. Der Teigling wird nun sehr vorsichtig direkt aus dem Gärkorb in den sehr heißen Topf gestürzt. Achtung, Verbrennungsgefahr! Jetzt ist der Schluss oben, damit der Teigling von allein aufreißt. Keine Sorge, wenn der Teigling schief hineinrutscht, das ist nicht schlimm. Den Deckel wieder auf den Topf geben und diesen in den Backofen stellen. 10 Minuten backen, dann die Temperatur auf 200 °C herunterregeln und nochmals 40 Minuten backen. Für eine schöne Bräunung und Kruste in den letzten 10 Minuten den Deckel abnehmen.

5 Das Brot sacht auf ein Kuchengitter stürzen und umdrehen. Abkühlen lassen.

Tipp…

Man kann das Anstellgut durch 2,5 g Frischhefe ersetzen und das Brot mit insgesamt 6,5 g Hefe backen.

Foto © Sigrid Schimetzky

Gesundheitsbrot mit Hirse und Möhren

Weizenvollkorn-Topfbrot

Optisch spricht das Brot mit den gelben Hirsekörnern und den Möhren, die es schön saftig machen, auf jeden Fall an. Ballaststoffe, Eisen, B-Vitamine und Beta-Carotin – alles ist reichlich darin enthalten.

Zutaten

für einen Teigling von 1300 g

Vorteig

2 g Frischhefe
100 g Wasser, lauwarm
100 g Weizenvollkornmehl

Brühstück

100 g Hirse
150 g kochendes Wasser

Hauptteig

3 g Hefe
100 g Wasser, lauwarm
Vorteig
Brühstück
400 g Weizenvollkornmehl
1 TL Honig
10 g Meersalz
150 g Möhren, fein gerieben

Zeitbedarf

Triebmittel: Hefe
Vorteig und Brühstück: 3 Stunden
Hauptteig mischen: 20 Minuten
Teigruhezeit: ca. 2 Stunden
Backtemperatur: 250 °C, fallend auf 200 °C
Backzeit: ca. 55 Minuten

siehe Seite 123

siehe Seite 25

Zubereitung

1 Für den Vorteig Hefe im Wasser auflösen und mit dem Weizenvollkornmehl zu einem weichen Brei vermischen. 3 Stunden bei Zimmertemperatur gehen lassen.

2 Für das Brühstück währenddessen die Hirse in einer Pfanne trocken rösten. Dabei die Hirse stetig umrühren und nicht aus den Augen lassen, da sie schnell verbrennt. Vorsichtig mit dem kochenden Wasser übergießen und ebenfalls 3 Stunden bei Zimmertemperatur quellen lassen.

3 Für den Hauptteig Hefe in Wasser auflösen und 10 Minuten stehen lassen. Alle anderen Zutaten hinzufügen und 10 Minuten kneten. Zu Beginn ist der Teig noch relativ fest, durch die Möhren wird er jedoch im Laufe des Knetvorgangs weich.

4 Den Teig zugedeckt 1 Stunde zur Gare stellen. Nach 30 Minuten einmal dehnen und falten. Danach rundwirken und mit Schluss nach unten für 45 Minuten in einen gründlich bemehlten Gärkorb legen und zugedeckt gehen lassen.

5 Zum Backen den Backofen während der Gare vorheizen. Dazu einen hitzefesten Topf mit Deckel, Ø 22–24 cm, auf die mittlere Schiene bei 250 °C Ober-/Unterhitze stellen. Der Topf muss für das Backen nicht extra eingefettet werden. Den Topf herausholen und den Deckel abnehmen. Der Teigling wird nun sehr vorsichtig direkt aus dem Gärkorb in den sehr heißen Topf gestürzt. Achtung, Verbrennungsgefahr! Jetzt ist der Schluss oben, damit der Teigling von allein aufreißt. Keine Sorge, wenn der Teigling schief hineinrutscht, das ist nicht schlimm.

6 Den Deckel wieder auf den Topf geben und diesen in den Backofen stellen. 10 Minuten backen, dann die Temperatur auf 200 °C herunterregeln und weitere 45 Minuten backen. Für eine schöne Bräunung und Kruste in den letzten 10 Minuten den Deckel abnehmen. Das Brot sacht auf ein Kuchengitter stürzen und umdrehen. Abkühlen lassen.

Foto © Sigrid Schimetzky

Grumbeer-Topfbrot mit Kümmel

Knuspriger Pfälzer

Wer den Kümmel mit dem Weizen und Roggen frisch mahlt, genießt schon dabei den unvergleichlichen Duft. Nicht nur Pfälzer schätzen dieses Brot mit Pellkartoffeln. Für einen herzhaften Imbiss ist es genau das Richtige.

Zutaten

für einen Teigling von 1100 g

Hauptteig

200 g Pellkartoffeln, vom Vortag
3 g Frischhefe
160 g Wasser, warm
450 g Weizenvollkornmehl
100 g Roggenvollkornmehl
1 EL Kümmel, fein gemahlen
200 g Schmand
1 TL Honig
12 g Salz

Zeitbedarf

Triebmittel: Hefe
Hauptteig mischen: 15 Minuten
Teigruhezeit: 7–14 Stunden
Backtemperatur: 250 °C, fallend auf 200 °C
Backzeit: ca. 50 Minuten

siehe Seite 123

siehe Seite 25

Zubereitung

1 Für den Hauptteig Pellkartoffeln schälen und fein reiben.

2 Die Hefe in etwas Wasser auflösen. Alle weiteren Zutaten dazumischen, 10 Minuten kneten. Bei 24 °C Temperatur in einer Schüssel mit Deckel ca. 6 Stunden stehen lassen. Bei geringerer Temperatur kann die Reifezeit bis zu 13 Stunden betragen. Zwischendurch zweimal dehnen und falten, dafür mit einer Teigkarte den Teig am Schüsselrand hochziehen, dehnen und zur Mitte über die Teigkugel falten. Die Schüssel immer ein Stück weiterdrehen, Aktion wiederholen.

3 Den Teig auf einer bemehlten Arbeitsfläche abschließend sanft dehnen und falten, dafür wird er von allen Seiten hochgezogen und zur Mitte hin gefaltet. Den Teigling umdrehen und mit den Händen rundformen, drehend wird er seitlich zur Unterfläche hin leicht nach innen zu einer runden Form gedrückt. Wenn er eine gute Oberflächenspannung besitzt, kommt er in einen reichlich bemehlten Gärkorb mit Schluss nach unten.

4 Abgedeckt sollte der Teig nach etwa 1 Stunde eine knappe Gare bis Vollgare haben.

5 Zum Backen den Backofen während der Gare vorheizen. Dazu einen hitzefesten Topf mit Deckel, Ø 22–24 cm, bei 250 °C Ober-/Unterhitze auf die unterste Schiene stellen. Der Topf muss für das Backen nicht extra eingefettet werden. Den Topf herausholen und den Deckel abnehmen. Der Teigling wird nun sehr vorsichtig direkt aus dem Gärkorb in den sehr heißen Topf gestürzt. Achtung, Verbrennungsgefahr! Jetzt ist der Schluss oben, damit der Teigling von allein aufreißt. Keine Sorge, wenn der Teigling schief hineinrutscht, das ist nicht schlimm.

6 Den Deckel wieder auf den Topf geben und diesen in den Backofen stellen. 10 Minuten backen, dann die Temperatur auf 200 °C herunterregeln und weitere 40 Minuten backen. Für eine schöne Bräunung und Kruste in den letzten 10 Minuten den Deckel abnehmen. Das Brot sacht auf ein Kuchengitter stürzen und umdrehen. Abkühlen lassen.

Foto © Sigrid Schimetzky

Dinkelvollkorn mit Haferflocken und Buttermilch

Fit and Funny

Mild säuerlich, nussig und saftig schmeckt dieses Brot. Mit Haferflocken, Dinkel und Buttermilch startet man perfekt in den Tag. Der Hafer bringt einen Extraschub an Energie, er steckt voller Vitamine und Spurenelemente.

Zutaten

für einen Teigling von 1050 g

Hauptteig

450 g Dinkelvollkornmehl
100 g Haferflocken, kernig
450 g Buttermilch
4 g Frischhefe
25 g Honig
12 g Meersalz
20 g Butter

Sonstiges

3 EL Haferflocken für den Topf

Zeitbedarf

Triebmittel: Hefe
Hauptteig mischen: 15 Minuten
Teigruhezeit: 5–14 Stunden
Backtemperatur: 250 °C, fallend auf 200 °C
Backzeit: ca. 50 Minuten

siehe Seite 25

Zubereitung

1 Für den Hauptteig alle Zutaten vermischen und den Teig 10 Minuten kneten. Bei 24 °C in einer Schüssel mit Deckel etwa 4–6 Stunden stehen lassen, der Teig sollte sein Volumen dann sichtbar vergrößert haben. Bei geringerer Temperatur am besten über Nacht reifen lassen, denn dann kann die Reifezeit bis zu 13 Stunden in Anspruch nehmen.

2 Den Teig auf einer bemehlten Arbeitsfläche sanft dehnen und falten, ihn dafür zuerst sanft zu einem Quadrat drücken, ihn dann von vier Seiten hochziehen und zur Mitte hin falten. Den Teigling umdrehen und mit den Händen rundformen, drehend wird er seitlich zur Unterfläche hin leicht nach innen zu einer runden Form gedrückt. Wenn er eine gute Oberflächenspannung besitzt, kommt er in einen reichlich bemehlten Gärkorb, ausgestreut mit einigen Haferflocken, mit Schluss nach unten.

3 Abgedeckt sollte er nach etwa 1 Stunde eine knappe Gare bis Vollgare haben.

4 Den Backofen während der Gare vorheizen. Dazu einen hitzefesten Topf mit Deckel, Ø 22–24 cm, auf der untersten Schiene bei 250 °C Ober-/Unterhitze vorheizen. Der Topf muss für das Backen nicht extra eingefettet werden. Den Topf herausholen und den Deckel abnehmen. Der Teigling wird nun sehr vorsichtig direkt aus dem Gärkorb in den sehr heißen Topf gestürzt. Achtung, Verbrennungsgefahr! Jetzt ist der Schluss oben, damit der Teigling von allein aufreißt. Keine Sorge, wenn der Teigling schief hineinrutscht, das ist nicht schlimm.

5 Den Deckel wieder auf den Topf geben und diesen in den Backofen stellen. 10 Minuten backen, dann die Temperatur auf 200 °C herunterregeln und weitere 40 Minuten backen. Für eine schöne Bräunung und Kruste in den letzten 10 Minuten den Deckel abnehmen. Das Brot sacht auf ein Kuchengitter stürzen und umdrehen. Abkühlen lassen.

Foto © Sigrid Schimetzky

Dreikorn-Topfbrot mit Buchweizen

Aromatischer Genuss

Buchweizen und Fenchel machen dieses Brot besonders. Außerdem ist es eine hervorragende Möglichkeit, Anstellgut zu verwerten.

Zutaten

für einen Teigling von 1200 g

Hauptteig

180 g Weizenvollkornmehl
120 g Dinkelvollkornmehl
250 g Roggenvollkornmehl
50 g Buchweizenmehl
2 TL Fenchel
450 g Wasser
4 g Hefe
100 g Roggen-Anstellgut
20 g Honig
14 g Meersalz

Sonstiges

3 EL Buchweizen für den Gärkorb

Zeitbedarf

Triebmittel: Hefe und Roggen-Anstellgut
Hauptteig mischen: 15 Minuten
Teigruhezeit: 21 Stunden
Backtemperatur: 240 °C, fallend auf 200 °C
Backzeit: ca. 60 Minuten

siehe Seite 123

siehe Seite 25

Zubereitung

1 Für den Hauptteig alle Zutaten mischen und 10 Minuten kneten. Bei Raumtemperatur in einer Schüssel mit Deckel 1 Stunde stehen lassen, um den Gärvorgang zu aktivieren. Dann für ca. 20 Stunden in den Kühlschrank stellen.

2 Anschließend den Teig auf einer bemehlten Arbeitsfläche sanft dehnen und falten, ihn dafür zuerst sanft zu einem Quadrat drücken, dann von vier Seiten den Teig hochziehen und zur Mitte hin falten. Den Teigling umdrehen und mit den Händen rundformen, drehend wird er seitlich zur Unterfläche hin leicht nach innen zu einer runden Form gedrückt. Wenn er eine gute Oberflächenspannung besitzt, kommt er mit Schluss nach unten in einen reichlich bemehlten und mit Buchweizen ausgestreuten Gärkorb.

3 Abgedeckt sollte er nach etwa 1 Stunde eine knappe Gare bis Vollgare haben.

4 Zum Backen den Backofen währenddessen mit einem hitzefesten Topf mit Deckel, Ø 22–24 cm, auf der untersten Schiene auf 240 °C Ober-/Unterhitze vorheizen. Der Topf muss für das Backen nicht extra eingefettet werden.

5 Den Topf herausholen und den Deckel abnehmen. Der Teigling wird nun sehr vorsichtig direkt aus dem Gärkorb in den sehr heißen Topf gestürzt. Achtung, Verbrennungsgefahr! Jetzt ist der Schluss oben, damit der Teigling von allein aufreißt. Keine Sorge, wenn der Teigling schief hineinrutscht, das ist nicht schlimm.

6 Den Deckel wieder auf den Topf geben und diesen in den Backofen stellen. 10 Minuten backen, dann die Temperatur auf 200 °C herunterregeln und weitere 50 Minuten backen. Für eine schöne Bräunung und Kruste in den letzten 10 Minuten den Deckel abnehmen. Das Brot sacht auf ein Kuchengitter stürzen und umdrehen. Abkühlen lassen.

Foto © Sigrid Schimetzky

Rustikale Hanfkruste

Weizen-Roggenvollkorn-Topfbrot mit Anstellgut und Hanfsamen

Die ungeschälten Hanfkörner geben dem Brot ein nussiges Hanfaroma.
Das schmeckt toll und gibt einen knackigen Biss.

Zutaten

für einen Teigling von 1000 g

Hauptteig

125 g festes Weizen-Anstellgut
135 g Roggen-Anstellgut
250 g Weizenvollkornmehl
115 g Roggenvollkornmehl
65 g Hanfsamen, ungeschält
275 g Wasser, lauwarm
4 g Hefe
11 g Salz
20 g Honig

Sonstiges

1 EL Hanfsamen für den Gärkorb

Zeitbedarf

Triebmittel: Hefe, Weizen- und Roggen-Anstellgut
Hauptteig mischen: 15 Minuten
Teigruhezeit: 14 Stunden
Backtemperatur: 240 °C, fallend auf 200 °C
Backzeit: ca. 55 Minuten

siehe Seite 123

siehe Seite 25

Zubereitung

1 Für den Hauptteig alle Zutaten vermischen und den Teig 10 Minuten kneten. Abgedeckt bei Zimmertemperatur 1 Stunde reifen lassen und dann für 12 Stunden über Nacht in den Kühlschrank stellen.

2 Am nächsten Morgen den weichen Teig auf einer bemehlten Arbeitsfläche einmal sanft dehnen und falten, dafür von allen Seiten den Teig hochziehen und zur Mitte hin falten. Den Teigling umdrehen und mit den Händen rundformen, drehend wird er seitlich zur Unterfläche hin leicht nach innen zu einer runden Form gedrückt. Wenn er eine gute Oberflächenspannung besitzt, kommt er in einen reichlich bemehlten Gärkorb mit einigen Hanfkörnern mit Schluss nach unten.

3 Zum Backen den Backofen mit einem hitzefesten Topf mit Deckel, Ø 22–24 cm, auf der untersten Schiene auf 240 °C Ober-/Unterhitze vorheizen. Der Topf muss für das Backen nicht extra eingefettet werden. Dann den Topf herausholen und den Deckel abnehmen. Der Teigling wird nun sehr vorsichtig direkt aus dem Gärkorb in den sehr heißen Topf gestürzt. Achtung, Verbrennungsgefahr! Jetzt ist der Schluss oben, damit der Teigling von allein aufreißt. Keine Sorge, wenn der Teigling schief hineinrutscht, das ist nicht schlimm.

4 Den Deckel wieder auf den Topf geben und diesen in den Backofen stellen. 10 Minuten backen, dann die Temperatur auf 200 °C herunterregeln und nochmals 45 Minuten backen. Für eine schöne Bräunung und Kruste in den letzten 10 Minuten den Deckel abnehmen.

5 Das Brot sacht auf ein Kuchengitter stürzen und umdrehen. Abkühlen lassen.

Foto © Sigrid Schimetzky

Foto © Sigrid Schimetzky

Streichkonzert in Süß & Deftig

Vielseitig, unkompliziert und mit Pep kommen meine „Obendraufs“ daher, egal ob süß oder pikant. Kreativität und Abwechslung ist hier angesagt. Und der Geldbeutel wird geschont, denn für wenig Geld stelle ich eine große Portion voller Geschmack her, von der ich weiß, was an Zutaten drin ist – leckerer kleiner Luxus.

Mit Aufstrichen bekommen alle Frühstücksbrötchen, rustikalen Vollkornbrote oder knusprigen Krachelchen das gewisse Etwas, dem niemand widerstehen kann. Viele passen hervorragend zu Pasta oder Pellkartoffeln. Mögen Sie mal probieren?

Ein Aufstrich, fantasievoll mit feinen Zutaten zubereitet, wie z. B. Feta, Frischkäse, Nüssen und Gewürzen, steht ganz für sich allein. Käse- oder Wurstbeilagen sind vollkommen überflüssig. Nur nicht vergessen: Unbedingt üppig auftragen!

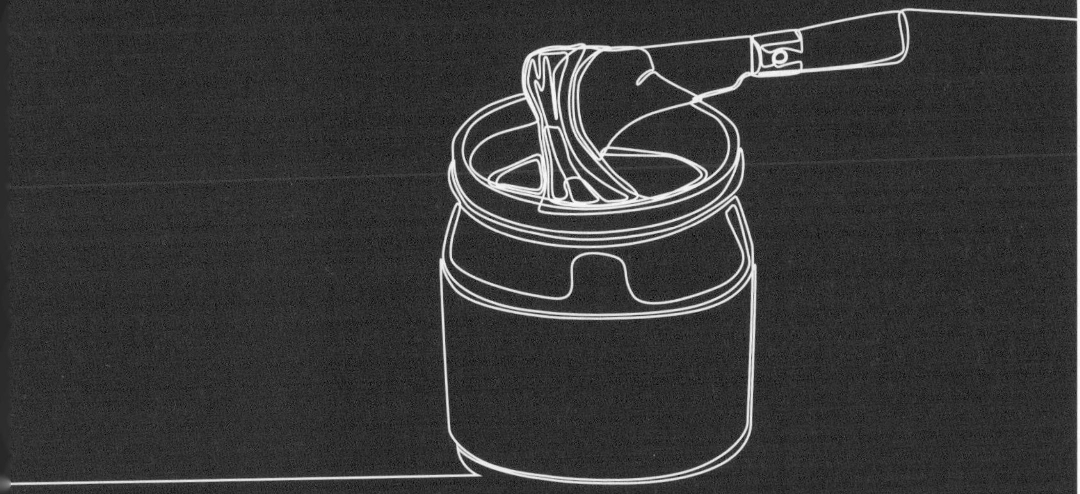

Feta-Creme

mit grünem Pfeffer und Hot Pepper

Zwei Aufstriche auf einen Streich – ruck, zuck zubereitet. Und jeder liebt sie. Cremig und voller mediterraner Magie kann man sie als Dip oder Aufstrich servieren. Wer etwas für eine Party oder für ein Picknick sucht, benötigt nun nur noch knuspriges Baguette. Aus der Kühltasche serviert, steht dem Genuss nichts mehr im Weg.

Zutaten

für 6 Personen

Feta-Grundmasse:

250 g Feta (ich verwende Schafskäse-Feta)
250 g Quark, 20 %
40 g Zwiebel, fein gewürfelt
Grüner-Pfeffer-Feta:
2 TL eingelegter grüner Pfeffer
1 EL saure Gurke, gewürfelt
2 EL Dill, fein gehackt

Hot-Pepper-Feta:

1 rote Peperoni, sehr fein gewürfelt
1 Knoblauchzehe, fein gewürfelt
2 EL Schnittlauchröllchen

Zubereitung

1 Feta mit Quark und Zwiebelwürfeln in einem Mixer zusammen pürieren. Die Masse halbieren.

2 Für den Grünen-Pfeffer-Feta Pfeffer, Gurke und Dill zu der einen Hälfte der Feta-Masse hinzufügen.

3 Für den Hot-Pepper-Feta Peperoni, Knoblauch und Schnittlauchröllchen zu der zweiten Hälfte geben und vermischen.

4 Beide Aufstriche mit Frischhaltefolie abgedeckt im Kühlschrank aufbewahren. Dort halten sie gut 3 Tage.

Foto © Sigrid Schimetzky

Ziegenfrischkäse-Creme

mit Walnuss und Dill

Eine Creme, die mit ihrer reichhaltigen, seidigen Textur unwiderstehlich ist. Ob auf frisch gebackenem Brot oder zu ofengebackenem Gemüse: Sie ist eine tolle Sache. Die Inhaltsstoffe der Walnüsse, die zum einheimischen Superfood gerechnet werden, liefern vor allem unseren grauen Zellen „Gehirnnahrung".

Zutaten

für 4 Personen

3–4 Stängel Dill
50 g Walnüsse, fein gehackt und geröstet
1 Knoblauchzehe, fein gehackt
200 g Ziegenfrischkäse
(alternativ: Frischkäse oder cremiger Feta)
100 g saure Sahne
(alternativ: griechischer Joghurt)
½ Biozitrone, Abrieb
1 kleine rote Chili, entkernt und fein gehackt
1–2 EL Biozitronensaft
Meersalz zum Abschmecken

Zubereitung

1 Dill waschen, trocken schütteln und die Dillspitzen abzupfen. Etwas Dill sowie 2 TL geröstete Walnüsse als Deko beiseitestellen.

2 Walnüsse in einen Rührbecher geben und mit Knoblauch, Dill und Ziegenfrischkäse mit dem Pürierstab nicht zu fein pürieren. Saure Sahne, Zitronenschale und Chili hinzufügen und mit 1–2 EL Zitronensaft und Salz verrühren und abschmecken.

3 Creme in eine Schale geben und mit dem beiseitegestellten Dill und den gehackten Walnüssen bestreuen.

Tipp...

Schmeckt als Brotaufstrich, zu Pasta und als Beilage zu heißen Pellkartoffeln.

Schwarze-Oliven-Creme

mit Walnüssen und Zitrone

Vom Aussehen eher einem hässlichen Entlein ähnlich, gehört diese Creme vom Geschmack eindeutig zur Kategorie stolzer Schwan. Schauen wir also auf die inneren Werte, und da hat sie neben Frischkäse allerhand zu bieten: schwarze Oliven, Knoblauch, Walnüsse, Zitrone sowie ein Dreigespann an Kräutern.

Zutaten

für 4 Personen

150 g Frischkäse oder Tofu
100 g schwarze Oliven ohne Stein
40 g Walnüsse, grob gehackt
1 Knoblauchzehe, gewürfelt
2 EL Petersilie, grob zerkleinert
1 EL Basilikumblättchen
2–4 EL Olivenöl nach Bedarf
1 Prise Oregano, gerebelt
1/2 Biozitrone,
Saft und Schale, fein gerieben
Meersalz
schwarzer Pfeffer aus der Mühle

Zubereitung

1 Frischkäse mit Oliven, Walnüssen, Knoblauch, Petersilie und Basilikum im Mixer zu einer glatten Masse pürieren.

2 Nach und nach Olivenöl hinzufügen, bis die Creme die gewünschte Konsistenz erreicht hat.

3 Nun mit Oregano, Zitronensaft und -schale, Salz und Pfeffer pikant abschmecken und nochmals kurz durchmixen.

4 Im Kühlschrank aufbewahren, hier hält die Creme gut 4 Tage.

Augen auf beim Olivenkauf!

- **Verwenden Sie hochwertige schwarze Oliven, von Hand eingelegt, keine Konservenware.**
- **Schwarze Oliven sind reicher an wertvollen ungesättigten Fettsäuren als grüne Oliven.**
- **Grüne Oliven werden oft einfach schwarz eingefärbt. Bitte hier genau hinsehen!**

Tipp...

Diese Creme ist ein echtes Multitalent. Sie schmeckt ...

- **als wunderbare Vorspeise zu Getränken, wenn sie mit Crackern oder Baguette serviert wird.**
- **als Brotaufstrich, auch auf herzhaftem Vollkornbrot, und schmeckt toll zu Tomaten, Gurken und Paprika.**
- **als schnelle Pastasoße.**
- **Kalorienbewussten in der mageren Variante mit Frischkäse und Joghurt, Schlemmern mit Doppelrahmfrischkäse, Veganern mit Tofu.**

Cappuccino-Creme mit Kakaonibs

Schlichtweg fantastico!

Warum nicht einmal einen süßen Luxus-Brotaufstrich selbst herstellen? Erstens schmeckt er köstlich auf einem frischen knusprigen Brot, zweitens sorgt er für Abwechslung in der täglichen „Stullenvernichtung". Drittens ist er herrlich einfach herzustellen, viertens preiswert, da oft nur wenige Zutaten nötig sind, und fünftens – das finde ich ganz wichtig – gönnen wir uns eine Streicheleinheit, von der wir wissen, was sie beinhaltet.

Zutaten

für 6 Personen

35 ml starker Espresso, frisch zubereitet
1 TL Kakaopulver
50 g milder Honig
1 Prise Meersalz
1 Messerspitze Vanillemark
300 g Frischkäse, Doppelrahmstufe
20 g geröstete Kakaonibs sowie einige zum Bestreuen

Zubereitung

1 In den frisch zubereiteten Espresso Kakaopulver und Honig einrühren. Er sollte vollständig erkaltet sein, bevor es zum nächsten Schritt geht.

2 Dann Salz, Vanillemark sowie den Frischkäse unterziehen und glatt verrühren. Eventuell nach Geschmack etwas nachsüßen.

3 Die Kakaonibs unterziehen. Mit einigen Kakaonibs bestreuen, bis zum Servieren mit Frischhaltefolie abdecken und im Kühlschrank kalt stellen.

Tipp...

Nach Wunsch die Cappuccino-Aufstrichcreme in einen Spritzbeutel mit Lochtülle geben und in Tupfen in ein Glas spritzen. Das sieht vor allem beim Brunch hübsch aus.

Foto © Sigrid Schimetzky

Dattel-Haselnuss-Creme

Energiestreich der Extraklasse

Die Dattel-Haselnuss-Creme ist eine leckere Nascherei und genau das Richtige, um sich zwischendurch etwas Süßes zu gönnen. Sie verspricht Genuss ohne Reue, egal ob dick auf die Stulle geschmiert oder als Klecks auf Bananenscheiben oder als Füllung in Hefeschnecken. Mein Tipp für alle, die sich bewusst ernähren wollen.

Zutaten

für 4 Personen

150 g Datteln, entsteint
100 g Haselnüsse, gemahlen
1 Bioorange, Schale + 85 g Fruchtfleisch
1 TL Vanillemark
1 TL Ceylon-Zimt
25 g Rohkakao
50 g weiche Butter

Zubereitung

1 Datteln mit kochendem Wasser übergießen und 15 Minuten einweichen.

2 Gemahlene Haselnüsse in einer trockenen Pfanne unter ständigem Wenden vorsichtig golden anrösten und abkühlen lassen.

3 Orange waschen, die Schale abreiben. Nun die Schale mit der weißen Haut großzügig abschneiden und das ausgelöste Fruchtfleisch in Scheiben schneiden.

4 Datteln, Haselnüsse, Orangenschale und -fruchtfleisch, Vanille, Zimt, Kakao und Butter mit dem Pürierstab oder im Mixer glatt pürieren.

5 Gekühlt und gut verschlossen hält die Creme ca. 1 Woche.

Tipp...

Gesunder Genuss: Die Dattel-Haselnuss-Creme schmeckt nicht ganz so quietschsüß wie herkömmliche Nusscreme, aber erstaunlich cremig-lecker. Die feine Süße bekommt die Creme vor allem durch die Datteln. Die Trockenfrüchte versorgen den Körper rasch mit Energie und reichlich Ballaststoffen. Genauso die heimischen Haselnüsse, die frisch geknackt und golden geröstet zudem mit einem besonderen Aroma betören. Frische Orangenschale und -filets, Vanille, Zimt und Rohkakao liefern ganz nebenbei eine Extraportion hochwertige Nährstoffe und Geschmack fürs Wohlbefinden.

Tomatenbutter mit Kapern

So wandlungsfähig ist die Tomate

Dieser Aufstrich, dessen Zutaten bei mir immer im Vorratsregal stehen, ist kaum an Einfachheit und Schnelligkeit zu toppen. Höchstens 10 Minuten, nicht länger benötigt seine Zubereitung. Kommt übrigens – in einem hübschen Glas überreicht – auch als Geschenk gut an!

Zutaten

für 4 Personen

150 g Butter, weich
60 g Tomaten, getrocknet und in Öl eingelegt
2 Knoblauchzehen
30 g Tomatenmark
1 TL Kapern
1 EL Basilikumblätter, klein gehackt
1 TL italienische Kräuter, gerebelt
1 Prise Chiliflocken
Meersalz

Zubereitung

1 Die weiche Butter in einen Pürierbecher mit Pürierstab oder Multizerkleinerer geben.

2 Getrocknete Tomaten abtropfen lassen und klein schneiden, Knoblauchzehen schälen und grob hacken.

3 Beides mit Tomatenmark, Kapern, Basilikum und italienischen Kräutern zu der Butter hinzufügen und cremig mixen. Mit Chiliflocken und Salz würzen und abschmecken.

4 Tomatenbutter im Kühlschrank kalt stellen. Rechtzeitig vor dem Genuss herausnehmen, damit sie streichfähig wird.

Tipp...

Tomatenbutter kann man folgendermaßen genießen:

- **Auf eine Scheibe frischen Brots gestrichen und mit einigen Basilikumblättchen garniert.**
- **Auf gerösteten Crostini als unkomplizierter Snack am Abend unter Freunden.**
- **Auf knusprig gegrilltem Allerlei kann sie schön schmelzen und ihre Aromen bestmöglich entfalten.**
- **Als gesundes Soulfood zu Pasta.**
- **Im Risotto als leckeres Extra.**
- **Als Dip, in das knackige Gemüsesorten wie Gurken-, Möhren- oder Kohlrabisticks hineingestippt werden.**

Foto © Sigrid Schimetzky

Kürbis-Apfel-Aufstrich

mit Mandelcreme und Chili

Wenn der Herbst kommt und die Ernte von Kürbis und Apfel ansteht, haben süße Frühstückfans mit diesem Aufstrich die besten Voraussetzungen, den Tag glücklich zu beginnen. Er eignet sich perfekt, um auf jedes Lieblingsbrot gekleckst zu werden.

Zutaten

für 4 Personen

1 kleiner Kürbis
(für 225 g Kürbispüree,
z. B. Hokkaido, Delicata oder Futsu Black)
1 kleiner Apfel
80 g Mandelcreme
35 g Kokosöl, kalt gepresst
60 g milder Honig
1 EL Zitronensaft
¾ TL Ceylon-Zimt
1 Prise Chipotle-Chili
1 Prise Meersalz
1 TL Mandelblättchen zum Bestreuen

Zubereitung

1 Kürbis halbieren, mit einem Löffel Kerne und Fasern herauskratzen und Fleisch in etwa 1,5 cm dicke Spalten schneiden. Die Schale kann bei den oben genannten Sorten mitverzehrt werden.

2 Den Apfel vierteln, das Kerngehäuse entfernen.

3 Kürbis und Apfel in einen Dampftopf geben, in etwa 20 Minuten weich garen und abkühlen lassen.

4 Mandelcreme und Kokosöl in ein hohes Gefäß geben, auf Zimmertemperatur bringen.

5 Die abgekühlte, weiche Kürbis- und Apfelmasse, Honig, Zitronensaft, Zimt, Chili und Salz hinzufügen und cremig pürieren.

6 Mit Mandelblättchen und ein wenig Chipotle-Chili vor dem Servieren bestreuen.

Karamellisierter Zwiebel-Dip

mit frischem Zatar

Obwohl ich es nicht darauf angelegt habe, ist dieses Rezept vegan, denn die Sonnenblumenkerne ersetzen die Sauerrahmbasis. Karamellisierter Zwiebelaufstrich ist der ideale Kandidat, um als Brotaufstrich auf den Tisch gestellt zu werden. Aber er eignet sich auch hervorragend, um als Dip eine Mahlzeit aufzupeppen. Servieren Sie ihn zu Salat mit Fladenbrot oder stellen Sie ihn als gesunde Vorspeise hin.

Zutaten

für 4 Personen

Zutaten für die karamellisierten Zwiebeln:

270 g Zwiebeln, geschält
2 EL Olivenöl
200 g Sonnenblumenkerne
150 g Wasser
3 EL Zitronensaft
1 EL helle Sojasoße
½ TL Chiliflocken
Meersalz

Zutaten für den Zatar:

1 EL Sesamsamen
1 TL Sumach
½ TL Kreuzkümmel
1 Prise Meersalz
1 EL Thymianblättchen
1 EL Majoranblättchen

Zubereitung

1 Geschälte Zwiebeln halbieren und in dünne Spalten schneiden. Olivenöl in einer Pfanne erhitzen und die Zwiebeln bei mittlerer Hitze in 40 Minuten goldbraun rösten. Abkühlen lassen.

2 Sonnenblumenkerne mit kochendem Wasser übergießen und 30 Minuten quellen lassen. Währenddessen den Zatar zubereiten.

3 Für den Zatar Sesamsamen in einer beschichteten Pfanne ohne Öl rösten. Dann die gerösteten Sesamsamen mit den restlichen Zutaten vermischen.

4 Zwiebeln mit Sonnenblumenkernen, 100 ml Wasser, Zitronensaft, Sojasoße, Chiliflocken und Salz in einen Mixer geben und glatt pürieren. Alternativ mit einem Pürierstab glatt mixen. Je nach gewünschter Konsistenz das restliche Wasser (50 ml) hinzufügen.

5 Den Zwiebelaufstrich in eine Schüssel geben, etwas Olivenöl daraufträufeln und ein wenig Zatar darüberstreuen. Den Rest in einem Schälchen dazustellen, damit sich jeder nach Belieben davon bedienen kann. Ohne Weiteres hält der Aufstrich bis zu 5 Tage im Kühlschrank.

Tipp...

Der Aufstrich schmeckt als Brotaufstrich, zu geröstetem Vollkornbrot oder Crackern oder als Dip zu Fladenbrot, Salaten und jeglicher anderer Frischkost. Servieren Sie ihn zu Salat mit Fladenbrot oder stellen Sie ihn als gesunde Vorspeise auf den Tisch.

Skordalia – griechische Kartoffel-Creme

Mit Knoblauch, Zitronensaft und Zucchini

Im Grunde besteht dieses schlichte und dennoch spektakuläre Gericht nur aus Pellkartoffeln, viel Knoblauch, Zitronensaft und Olivenöl. Als kleine Pointe kommen bei mir auch gebratene Zucchini hinzu, sodass frisches Gemüse bei dem Ganzen eine größere Rolle spielt.

> Aufgepasst!
>
> - **Unbedingt hochwertiges Olivenöl nehmen, sonst kommt eine bittere Note in das Gericht hinein.**
> - **Je länger der Kartoffeldip oder -brei steht, umso knoblauchlastiger wird er.**

Zutaten

Zutaten für 4 Personen

550 g Pellkartoffeln
450 g Zucchini
60 ml Olivenöl, hochwertige Qualität
4 Knoblauchzehen, nach Wunsch mehr oder weniger
2–4 EL Zitronensaft, je nach Geschmack
Meersalz
schwarzer Pfeffer aus der Mühle
2 EL Mandeln, gehackt
4 Zweige Petersilie, fein gehackt
schwarze Oliven als Beilage

Zubereitung

1 Kartoffeln in Salzwasser aufsetzen und garkochen. Ein wenig ausdampfen lassen, dann schälen und durch eine Flotte Lotte drücken oder mit einem Kartoffelstampfer fein zerdrücken.

2 Zucchini waschen, die Enden abschneiden und in etwa 1 cm dicke Scheiben schneiden. 1 EL Olivenöl in eine beschichtete Pfanne geben, erhitzen, die Zucchinischeiben hinzufügen. Bei mittlerer Hitze unter gelegentlichem Wenden goldbraun und weich braten.

3 Knoblauch schälen und durch die Presse drücken. Mit den Zucchinischeiben, Zitronensaft, Salz und Pfeffer in eine Schüssel geben und mit dem Pürierstab fein mixen.

4 Unter das Kartoffelpüree ziehen und nochmals abschmecken. Eventuell mehr Zitronensaft hinzufügen.

5 Mandeln ohne Fett in einer kleinen Pfanne rösten.

6 Skordalia mit gehackten gerösteten Mandeln und Petersilie bestreuen. Etwas Olivenöl darüberträufeln und mit schwarzen Oliven servieren.

Tipp...

Fladenbrot, Brot oder Cracker dazureichen. Auch gebratenes oder gegrilltes Gemüse schmeckt gut dazu.

Hanf-Bohnen-Creme mit Miso

Genuss mit Mehrwert

Ob Brotaufstrich oder Dip zu Gemüsehappen oder als Unterlage zu geröstetem Gemüse, mit dieser Creme toppt jeder sein Essen zu einer noch nährstoffreicheren und ballaststoffreicheren pflanzlichen Mahlzeit auf. Denn Hanfsamen sind nicht nur gut verdaulich, sondern wirken auch lang anhaltend sättigend. Mit ihrem angenehm nussigen Geschmack, dazu die weißen Riesenbohnen und ein wenig Miso-Geschmack zergeht die Hanfcreme auf der Zunge. Lecker!

Zutaten

Zutaten für 4 Personen

90 g Hanfsamen mit Schale
140 g Wasser
1 Dose weiße Riesenbohnen, abgespült netto ca. 200 g
25 g Miso, weiß
40 g Zwiebellauch, grün und in Ringe geschnitten
2 kleine Knoblauchzehen, gehackt
2–3 EL Biozitronensaft
etwas Biozitronenabrieb
Meersalz
schwarzer Pfeffer aus der Mühle
etwas Zitronenabrieb

Zubereitung

1 Hanf über Nacht in Wasser einweichen.

2 Mit den restlichen Zutaten (außer einigen Zwiebellauchringen und dem Zitronenabrieb) in einen Hochleistungsmixer geben und so lange mixen, bis sich eine glatte cremige Masse ergibt. Diese immer wieder von den Wänden des Gefäßes hinunterschieben; es wird sicherlich einige Minuten dauern.

3 Abschmecken und mit einigen Zwiebellauchringen und etwas Zitronenabrieb anrichten.

Tipp...

Lediglich 10 Minuten benötigt die Zubereitung der Creme, mit einem Hochleistungsmixer ein Kinderspiel. Bitte haben Sie aber im Hinterkopf, dass die Hanfsamen bis zu 18 Stunden vorher eingeweicht werden müssen.

Foto © Sigrid Schimetzky

Das kleine Abc des Backens

Altbrot

... ist viel zu gut für die Tonne. Da es aus vielen Aromastoffen und zu einem hohen Anteil aus verkleisterter Stärke besteht, erhöht sich die Frische und das Aroma des Brotes. Geben Sie es einfach zu Ihrem Brotteig. Grob gestückelt oder als Brotmehl zermahlen, kann es mit Wasser zu einem Quellstück (1 Teil Altbrot, 2 Teile Wasser), einem Brühstück (1 Teil Altbrot, 3 Teile kochendes Wasser) oder mit Hefe zu einem Vorteig angesetzt und anschließend dem Teig zugeführt werden. Bis zu etwa 10 % Altbrot lässt sich der Gesamtteigmenge zugeben, ohne dass die Backfähigkeit nachlässt.

Anbacken

Die erste Phase des Backens erfolgt bei hoher Temperatur und dauert ungefähr 10–15 Minuten. In den meisten Fällen wird es bei 230–260 °C angebacken und bei niedriger Temperatur fertig gebacken.

Anstellgut (ASG)

Das Anstellgut ist ein Rest Sauerteig, der entweder vom jeweils für den Backtag angesetzten Sauerteig abgenommen oder separat geführt und aufgefrischt wird. Das Anstellgut entscheidet – neben Teigruhe und Teigtemperatur –, wie kräftig später das Sauerteigbrot schmeckt. Je größer die Menge, bezogen auf das verwendete Mehl, desto kräftiger der Geschmack. Allgemein kann man sagen, jeweils bezogen auf die Gesamtmenge Mehl im Brot:

2 % Anstellgut: mild säuerlicher Geschmack
4 % Anstellgut: leicht säuerlicher Geschmack
6 % Anstellgut: stark säuerlicher Geschmack

Autolyseteig

Autolyseteig ist eine Form des >Nullteigs. Vor allem Vollkornmehle aus Weizen und Dinkel profitieren von der Autolyse. Dazu werden Mehl und Wasser eines Rezepts kurz vermischt und einige Zeit ruhen gelassen. Etwa 30–60 Minuten quillt der Teig, währenddessen bildet sich der Kleber ohne aufwendige Knetaktionen aus. Der Teig wird jetzt dehnbarer, was die Arbeit mit ihm erleichtert.

Brühstück

Das Brühstück ist eine Form des Nullteigs auf der Basis von grobem Schrot und harten Getreidekörnern. Da diese Stoffe das Wasser schlechter aufnehmen, werden sie vorzugsweise mit einem Brühstück verquellt. Dazu wird das Getreide mit der anderthalbfachen bis doppelten Menge kochenden Wassers übergossen. Wichtig ist, dass das verwendete Wasser bis zum Siedepunkt kocht, damit eine vollständige Stärkeverkleisterung und Vorverquellung zustande kommt.

- Gelagert wird das Brühstück ungefähr 3–5 Stunden bei Raumtemperatur oder es wird nach dem Abkühlen auf Raumtemperatur 8–12 Stunden im Kühlschrank aufbewahrt. Wird es nicht gleich benötigt, kann es bei 2–5 °C bis zu einer Woche gelagert werden.

- Hat die Körnermischung das Wasser nach der Quellzeit noch nicht vollständig aufgenommen, gießen Sie sie auf ein Sieb ab und lassen Sie sie kurz abtropfen, bevor sie in den Teig kommt.

Grundsätzlich verquellen wir nicht mehr als 30–50 % der Gesamtmenge an Getreideerzeugnissen im Brühstück.

Dampf

siehe unter Schwaden.

Dehnen und Falten

Mehrfaches Dehnen und Falten ist eine einfache Methode, um die Glutenstränge im Teig zu stärken. Sie führt dazu, dass sich die Moleküle aufrichten, aus denen die Glutenstränge bestehen. Durch den Vorgang wird der Teig gleichzeitig entgast und belüftet, also Sauerstoff zugeführt, der die Hefezellen belebt, die wiederum Miniaturluftblasen einschließen. Das Ergebnis ist ein elastischer, festerer Teig und damit eine feinere, zartere Krume nach dem Backen, da sie locker und vermehrt mit Lufteinschlüssen versehen ist. Besonders weiche Teige, die viel Wasser enthalten, wie z. B. Weizenteige, aber auch zähe und schwere Teige wie Weizenvollkorn profitieren davon.

Feste bis mittelfeste Teige dehnen und falten wir vorzugsweise mit bemehlten Händen auf einer bemehlten Arbeitsfläche. Nachdem wir die Teigkugel zu einem Rechteck ausgezogen haben, nehmen wir für die erste Falte eine Seite des Teigs, dehnen sie leicht und falten sie zurück über ein Drittel des Teigs. Für die zweite Falte nehmen wir die gegenüberliegende Seite, ziehen, strecken und legen sie über die erste Falte. Jedes Mal streichen wir das zusätzliche Mehl ab. Genauso legen wir die zwei restlichen Seiten darüber, und nun liegt ein Quadrat vor uns.

Die Schichten sollen sichtbar bleiben und keineswegs zusammengedrückt werden. Nun geben wir den Teig zurück in die Schüssel, decken ihn ab und lassen ihn mindestens 30 Minuten ruhen, bis weitere Folgen die gewünschte Festigkeit bringen.

Einen mittelfesten bis weichen Teig dehnen und falten wir in einer Schüssel mit nassen Händen, um ein Anhaften zu verhindern. Wir greifen nach der Seite des Teigs, die am weitesten von unserem Körper entfernt ist, und dehnen ihn zu uns hin über den Teig. Nun drehen wir die Schüssel um 180 Grad und führen denselben Bewegungsablauf durch. Danach drehen wir die Schüssel um 90 Grad, und wieder geht es von vorn. Diese vier Falten wiederholen wir so häufig, bis der Teig ausreichend gefestigt ist.

Sehr weiche Teige werden in der Schüssel anstelle mit einer angefeuchteten Hand mit einer Teigkarte gedehnt und gefaltet. Die Teigkarte schieben wir direkt am Schüsselrand unter den Teig, heben den Teig damit hoch und dehnen und falten ihn zur Mitte der Teigkugel. Dazwischen drehen wir die Schüssel stets um einige Grad weiter.

Fingertest

Ist Ihr Teigling nach dem Gehen für den Ofen bereit? Durch wiederholtes, etwa 1 cm tiefes Eindrücken in die Teigoberfläche mit dem Zeigefinger – dem Fingertest – überprüfen Sie, wie weit die Gare vorangeschritten ist. Springt die Vertiefung schnell wieder heraus, benötigt der Teigling noch Zeit. Er hat Untergare und muss weiter gehen. Sobald sich der Eindruck langsam bis auf 1–2 mm zum Ausgangszustand zurückdehnt, haben wir eine knappe Gare. Perfekt! Der Teigling ist fertig und für den nächsten Schritt bereit. Wenn er sich nur noch wenig zurückbewegt, haben wir eine Vollgare und es wird höchste Zeit, das Brot einzuschießen. Falls nach dem Eindrücken nichts passiert, sprechen wir von einer Übergare. Ohne Einschneiden und mit Schluss nach unten sofort backen.

Freigeschoben

Ohne Backform schieben Sie den Teigling in den heißen Ofen. Er wurde vorher frei geformt, gehen gelassen oder zur Gare in ein Gärkörbchen gelegt.

Hydration (Wassergehalt)

Unter Hydration versteht man die Anlagerung von Wassermolekülen an gelöste Ionen. Dadurch entsteht eine Hydrathülle. Durch die Anpassung der Flüssigkeitszufuhr hat man also großen Einfluss auf Aussehen, Beschaffenheit von Kruste und Krume sowie den Geschmack Ihres Brotes.
Es lohnt sich also immer, auf die Wasserzufuhr zu achten, sie wirkt sich gravierend auf das Endergebnis aus. Allerdings schwankt auch die Aufnahmefähigkeit des Mehls. Vollkornmehl benötigt um eine 10–15 % höhere Flüssigkeitszufuhr als Weißmehl. Von daher ist es immer optimal, anfangs erst zwei Drittel des Wassers dazuzugeben und das zusätzliche Wasser in kleinen Mengen hinzuzufügen. So kann man schauen, wie der Teig reagiert. (Siehe auch >Nullteige.)

Kochstück

Für ganze Getreidekörner oder besonders grobes Schrot nutzt man am besten das Kochstück, das eine Form des >Nullteigs ist. Dazu werden die Körner mit der doppelten Wassermenge in einem verschlossenen Topf bis zum Siedepunkt erhitzt und anschließend ca. 30–60 Minuten bei niedriger Hitze kurz vor dem Siedepunkt gehalten, bis sämtliches Wasser verquellt ist. Anschließend auf Zimmertemperatur abkühlen lassen. Bis zur weiteren Verwendung kann es auch einige Stunden im Kühlschrank lagern. Nicht mehr als ein Viertel der im Brotteig zu verarbeitenden Getreideerzeugnisse sollte im Kochstück verquellt werden.

Krume

Das Innenleben eines Brotlaibs ist die Krume, die mehr oder weniger locker und elastisch ist. Es gibt eine offene Krume mit vielen unregelmäßigen Löchern oder eine geschlossene Krume, die fein strukturiert ist.

Kruste

So nennt man die äußere Hülle, die Rinde. Die Kruste verbessert die Haltbarkeit und schützt den inneren Brotlaib. Je nach Geschmack suchen wir uns rösche oder eher weichere Backwaren aus, die durch unterschiedliche Formen, Backverfahren und Oberflächenbehandlungen hergestellt werden. Für knuspriges Brot benötigen wir >Dampf im Ofen, denn nichts bildet so hervorragend eine solide Kruste wie ein mit Dampf gefüllter Ofen zu Beginn des Backprozesses.

Nullteige

Ein Nullteig ist im Prinzip eine Art von Vorteig, jedoch ohne Zugabe von Triebmittel. Nullteige dienen ausschließlich der Verquellung von Getreideerzeugnissen mit Wasser. Die >Autolyse hat das Ziel, dass das Mehl mehr Wasser aufnehmen kann. >Quellstück, >Brühstück und >Kochstück sind Nullteige, bei denen wir Saaten und

Getreidekörner in Wasser einweichen, damit sie aufquellen, einen angenehmen Biss bekommen und dem Teig kein Wasser entziehen. Das ist eine wichtige Voraussetzung, wenn man nach dem Backen ein schön saftiges und lange frisch bleibendes Brot genießen will.

Quellstück

Beim Quellstück werden vor allem mittlere bis feine Schrote, aber auch Saaten wie Leinsamen, Sonnenblumenkerne oder Kürbiskerne gequellt, indem sie zu gleichen Teilen mit lauwarmem Wasser übergossen und eine Weile stehen gelassen werden. Für diesen Zweck kommen sie für 8 bis höchstens 24 Stunden in den Kühlschrank.
Falls das Quellstück bei wärmeren Temperaturen gelagert wird, gibt man etwas Salz aus dem späteren Brotteig hinzu – dies unterbindet eine Fremdgärung, die das Brotaroma beeinträchtigt. 30–50 % ist der optimale Quellstufenanteil, 75 % die Obergrenze, bezogen auf die Gesamtmenge des Getreideanteils im Brot.

Rezepte anpassen auf Vollkornmehl

Rezepte mit hellem Mehl müssen nicht umgerechnet werden. Jedes Brotrezept, das für Weißmehl gedacht ist, lässt sich aber auch ohne Probleme mit Vollkornmehl backen. Erhöhen Sie dafür lediglich die angegebenen Flüssigkeitsmengen um 10–15 %. Der Grund dafür? Vollkornmehl nimmt auf jeden Fall mehr Feuchtigkeit auf als Auszugsmehl. Außerdem rühren bzw. kneten Sie den Teig aus Vollkornmehl etwas länger, als das mit Weißmehl nötig ist. Auf diese Weise ziehen Schalenteile im Vollkornmehl auch wirklich gut Feuchtigkeit.

Rezepte umrechnen

Eine größere Teigmenge in eine übliche Haushaltsmenge oder eine kleine Rezeptmenge in eine größere Menge umzurechnen, geht ganz einfach mit der Schlüsselzahl:

Gewünschte Teigmenge
dividiert durch Rezeptgewicht

= Schlüsselzahl

Jede Zutat multipliziert
mit der Schlüsselzahl

Rundwirken

Für einen rustikalen runden Brotlaib muss man den Teig rundwirken. Dazu wird der Teig auf einer bemehlten Arbeitsfläche mit Spannung in die perfekte Form gebracht. Erst klappt man die Außenseiten reihum zur Mitte. Dieser Vorgang wird so lange wiederholt, bis eine straffe, dehnbare Teigkugel entsteht. Da bei diesem Prozess die großen Gasblasen herausgedrückt werden und gleichzeitig Sauerstoff eingearbeitet wird, verbessert man zusätzlich die Hefeaktivität und fördert eine einheitliche Krume.

Schluss

Wenn wir ein Brot rund- oder langwirken, entsteht beim Dehnen und Falten ein Schluss. Diese gefaltete und etwas unebene Nahtstelle legen wir nach Bedarf nach unten oder nach oben in den Gärkorb. Und da der Laib aus dem Gärkorb auf die Backfläche gestürzt wird, muss er im Gärkorb jeweils andersherum liegen. Schluss nach oben bringt ein ungebändigtes Aufreißen der Kruste entlang der Stellen, an denen der Teig gefaltet wurde, mit sich. Dafür legen wir ihn zuerst mit Schluss nach unten in den Gärkorb. Ist eine glatte Oberfläche erwünscht oder eine gezielt eingeschnittene Kruste, dann liegt der Teigling mit Schluss nach oben im Gärkorb, damit später die glatte Oberfläche nach dem Backen oben liegt.

Schwaden/Dampf

Dampf ist für eine geschlossene und knusprige Kruste beim Backen entscheidend, das Brot ist dann länger haltbar. Durch eine hohe Anfangshitze und den auf die Teigoberfläche absetzenden Dampf bleibt die äußere Teigschicht flexibel und feucht. So können sich die Gase im Laib ausdehnen und dieser vergrößert sich, ohne zu reißen.

Nach 10 Minuten lassen wir den Dampf bzw. die Schwaden ab, indem die Backofentür bis zu 60 Sekunden lang geöffnet wird. Nun erzeugt das Brot selbst durch das weitere Ausbacken genug Feuchtigkeit. Der vorhandene Restdampf gibt dem Brot schönen Glanz.

Da weiterhin Wasserdampf freigesetzt wird, sollte dieser etwa 5–8 Minuten vor Ende der Backzeit nochmals durch weites Öffnen der Ofentür abgelassen werden. Die Ofentür kann für die restliche Backzeit einen Spaltbreit geöffnet bleiben und das Brot wird köstlich knusprig.

Um Dampf zu erzeugen, sind folgende Methoden empfehlenswert:

- Ein altes Blech bereits mit dem Vorheizen auf den Backofenboden stellen. Direkt nachdem Sie das Brot in den Ofen gegeben haben, eine Tasse Wasser (ca. 50 ml) auf das Blech geben. Die Wassermenge sollte so dosiert werden, dass sie nach 10 Minuten Backzeit aufgebraucht ist. Achtung: Sehr heißer Dampf entsteht – Verbrennungsgefahr!
- Eine alte Aluschale mit unbehandelten Schrauben oder mit Saunasteinen füllen (möglichst große Oberfläche) und sehr gut aufheizen. Dann wie oben verfahren.

Stockgare

Die Stockgare bezeichnet die Ruhezeit des Teigs, in der er reift. Verschiedene Faktoren beeinflussen sie, wie: die Zutaten, mit denen der Hauptteig vermischt wurde (z. B. verlängert Zucker, Salz oder Fett die Teigreifung), die erreichte Teigtemperatur, die Intensität des Knetvorgangs, die beigefügte Menge der Hefe oder des Sauerteigs, eine warme oder kalte Teigführung.

Während der Stockgare verquellen die Mehlbestandteile, entwickelt sich Gluten und verbessern sich die Gashalte- und Handhabungseigenschaften. Zudem bildet sich der Geschmack durch die sich entfaltende Säure weiter.

Stückgare

Nach der Stockgare wird der Teig zum Teigling geformt. Stückgare, auch Endgare genannt, bezeichnet den letzten Zeitraum vor dem Backen, während der Teigling ruht und reift. Dies geschieht entweder ohne Form auf dem Backblech, in einer Backform oder im Gärkörbchen, doch stets vor dem Austrocknen mit einem Tuch oder mit Folie bedeckt. Diese Ruhephase wird durch Dauer und Temperatur beeinflusst. Während dieser Ruhephase soll sich der Teig in die bestmögliche Gärreife, siehe Fingertest, einfinden. Es entwickeln sich Ofentrieb und Krume für ein gutes Backergebnis.

Die Autorin

Kochen und Backen – das ist die Leidenschaft von Sigrid Schimetzky, die unter dem Namen Madam Rote Rübe bloggt.

Mehr als 70.000 Besucher holen sich bei ihr jeden Monat Anregungen zum Thema Kochen und Backen. Als „vegetarische und vollwertige Landküche“ bezeichnet sie ihre Ausrichtung. Natürlich backt Sigrid Schimetzky auch ihr eigenen Brot, bevorzugt aus Vollkornmehl. Die ausgebildete Hauswirtschaftsmeisterin, die als Fachkraft für gesunde Ernährung an Schulen und in der Erwachsenenbildung aktiv war, legt Wert auf naturbelassene Zutaten und unkomplizierte Zubereitung. Das gilt nicht nur für die Backwaren, sondern auch für Aufstriche und Toppings, die im Handumdrehen zubereitet sind. Brotzeit – dieses Wort bekommt in diesem Buch eine neue Bedeutung. Gefeiert wird das gemeinsame Speisen, egal ob Frühstück, Zwischenmahlzeit oder Abendbrot. Jeder kann sich hier selbst bedienen, jeder seine Mahlzeit selbst zusammenstellen: Brot und Brötchen nehmen, nach Herzenslust bestreichen oder belegen, abbeißen. So einfach ist das! Tipp von Madam Rote Rübe: Dick auftragen ist auf jeden Fall Pflicht.
Sigrid Schimetzky hat bei Cadmos das Buch „Madam Rote Rübe und ihre geniale Landküche“ sowie zwei Bücher zu den Themen „Herbstliche Küche“ und „Kochen mit Ziegenkäse“ veröffentlicht.

2021 bei Cadmos erschienen:
Madam Rote Rübe und ihre geniale Landküche
144 Seiten,durchgehend Abbildungen
Format 21 x 24 cm; Softcover
ISBN 978-3-8404-3059-6
22,95 Euro

Stichwortregister

Abkühlgitter ... 23
Abwiegen ... 14
Ägypter ... 8
Aleuronschicht ... 10
Anstellgut ... 19, 122
  Verwertung ... 38
Anstellgut-Vollkornbrot ... 38
Aschegehalt, Mehl ... 9
Autolyse ... 14, 122

Backprozess ... 15
Backzeit ... 15
Baguetteblech ... 23
Ballaststoffe ... 13
Brotbackform ... 23
Brotgewürze ... 12
Brühstück ... 14, 122
Buchweizen-Vollkornbrot ... 30

Cappuccino-Creme ... 108
Castanea-Brötli ... 48
Chillas, fruchtige ... 64

Dampferzeugung ... 15, 24, 126
Darmprobleme ... 6
Dattel-Haselnuss-Creme ... 110
Dauerbackfolie ... 23
Dehnen und Falten ... 14, 123
Deutschland ... 9
Dinkelmehl ... 14
Dinkelvollkorn mit Haferflocken und Buttermilch ... 94
Dinkelvollkorn-Brioche ... 50
Doppelweck, Pfälzer ... 46
Dreikorn-Topfbrot mit Buchweizen ... 96
Drehmühlen ... 9

Einkorn ... 8
Emmer ... 8

Feta-Creme ... 102
Fingerprobe ... 15, 24, 123
Fladenbrot ... 8
Fleur de Sel ... 13
Flocken ... 13
Folsäuer ... 13
Fruchtschale, Getreide ... 10

Gärkorb ... 23
Gesundheitsbrot mit Hirse und Möhren ... 90
Getreide, vollwertiges ... 11
Getreidebrei ... 8
Getreidekorn ... 10
Getreidemühle ... 23
Glutenbildung ... 14
Grünkohlpesto ... 76
Grünkohlpesto-Schnecken ... 76
Grumbeer-Topfbrot mit Kümmel ... 92
Gugelhupfbrötchen ... 78

Hafer-Honig-Dinkel-Vollkornbrot ... 34
Hanf-Bohnen-Creme mit Miso ... 120
Hanfkurste, rustikale ... 98
Hefe ... 7, 16, 18
Hefeteig
  Gehzeit ... 17
  Grundrezept ... 73
  Hefeführung ... 17
  Kalte Teigführung ... 17
  Ruhezeit ... 17
  salziger ... 16
  süßer ... 16
Hummelchen mit Joghurt ... 88
Hydration ... 124

Israeliten ... 9

Kartoffel-Creme, griechische ... 118
Kartoffel-Vollkorn-Wurzeln ... 56
Keimling ... 10
Keimtest ... 11
Kerne ... 13
Klebergerüst ... 12, 14
Klopfprobe ... 15, 25
Kneten ... 14
Knetmaschine ... 24
Knofi-Fladenkissen ... 80
Knusperkrusti ... 86
Kochstück ... 14, 124
Krümelsauer ... 21, 22
Krume ... 124
Kruste ... 124
Kümmel-Vollkornfladen ... 82
Kürbis-Apfel-Aufstrich ... 114
Kürbiskern-Wackerchen ... 54

Lauge ... 48
Lievito Madre ... 22

Meersalz ... 13
Mehlbesen ... 24
Mehlkörper ... 10, 11
Mehltypen ... 9
Mineralien ... 13
Mühlenindustrie ... 11

Nullteig ... 124

Olivenkauf ... 106

Quellstück ... 125

Reifezeit, Brot ... 15
Roggenmehl ... 14
Roggensauerteig ... 19
Rohrflöten, griechische ... 52
Römer ... 9
Rührschüssel ... 24
Ruhezeiten ... 7
Rundwirken ... 125

Saaten ... 13
Salz ... 12
Samen ... 13
Samenschale, Getreide ... 10
Sauerteig ... 7
  ansetzen ... 7, 19, 20
  Anstellgut ... 19
  Anzucht ... 19
  Auffrischen ... 21
  Füttern ... 21
  Hygiene ... 19
  Italienischer ... 22
Sauerteigcracker ... 68
Schluss ... 125
Schoki-Weckchen ... 62
Schwaden ... 126
Schwarzbrot, Bergisches ... 40
Schwarze-Oliven-Creme ... 106
Skordalia ... 118
Stockgare ... 126
Stückgare ... 126

Taschenbrot ... 70
Teigfestigkeit ... 15
Teigkarte ... 24
Teigling ... 15
Tomatenbutter mit Kapern ... 112
Triebmittel ... 7, 11
Triebstärke ... 15
Typennummer ... 9, 10

Verdauungsprobleme ... 6
Vitalstoffe ... 10
Vollkornbrot mit Körnern ... 32
Vollkornbrot, provenzalisches ... 74
Vollkornmehl ... 10, 12
Vorplanung ... 7

Waage ... 24
Walnuss-Apfel-Dinkel-Vollkornbrot ... 36
Wassermenge ... 14
Weckgläser ... 24
Weizen-Dinkel-Vollkorn-Baguette ... 58
Weizen-Dinkel-Vollkorn-Buns ... 60
Weizen-Roggen-Vollkornbrot ... 28
Weizen-Vollkornbrötchen ... 44

Zatar ... 116
Ziegenfrischkäse-Creme ... 104
Zimtrollenkuchen ... 66
Zivilisationskrankheiten ... 11
Zwiebel-Dip ... 116